O VENDEDOR TÁ ON

LUIS PAULO LUPPA

Autor do Best-Seller
O VENDEDOR PIT BULL

O VENDEDOR TÁ ON

COMO DOMINAR
MERCADOS
ONLINE E **OFFLINE**

ALTA BOOKS
EDITORA

Rio de Janeiro, 2021

O Vendedor Tá On

Copyright © 2021 da Starlin Alta Editora e Consultoria Eireli.
ISBN: 978-65-5520-793-4

Todos os direitos estão reservados e protegidos por Lei. Nenhuma parte deste livro, sem autorização prévia por escrito da editora, poderá ser reproduzida ou transmitida. A violação dos Direitos Autorais é crime estabelecido na Lei nº 9.610/98 e com punição de acordo com o artigo 184 do Código Penal.

A editora não se responsabiliza pelo conteúdo da obra, formulada exclusivamente pelo(s) autor(es).

Marcas Registradas: Todos os termos mencionados e reconhecidos como Marca Registrada e/ou Comercial são de responsabilidade de seus proprietários. A editora informa não estar associada a nenhum produto e/ou fornecedor apresentado no livro.

Impresso no Brasil — 1ª Edição, 2021 — Edição revisada conforme o Acordo Ortográfico da Língua Portuguesa de 2009.

Erratas e arquivos de apoio: No site da editora relatamos, com a devida correção, qualquer erro encontrado em nossos livros, bem como disponibilizamos arquivos de apoio se aplicáveis à obra em questão.

Acesse o site www.altabooks.com.br e procure pelo título do livro desejado para ter acesso às erratas, aos arquivos de apoio e/ou a outros conteúdos aplicáveis à obra.

Suporte Técnico: A obra é comercializada na forma em que está, sem direito a suporte técnico ou orientação pessoal/exclusiva ao leitor.

A editora não se responsabiliza pela manutenção, atualização e idioma dos sites referidos pelos autores nesta obra.

Produção Editorial
Editora Alta Books

Gerência Comercial
Daniele Fonseca

Editor de Aquisição
José Rugeri
acquisition@altabooks.com.br

Produtores Editoriais
Maria de Lourdes Borges
Thales Silva
Thiê Alves

Marketing Editorial
Livia Carvalho
Gabriela Carvalho
Thiago Brito
marketing@altabooks.com.br

Equipe de Design
Larissa Lima
Marcelli Ferreira
Paulo Gomes

Diretor Editorial
Anderson Vieira

Coordenação Financeira
Solange Souza

Produtor da Obra
Illysabelle Trajano

Equipe Ass. Editorial
Brenda Rodrigues
Caroline David
Luana Rodrigues
Mariana Portugal
Raquel Porto

Equipe Comercial
Adriana Baricelli
Daiana Costa
Fillipe Amorim
Kaique Luiz
Victor Hugo Morais
Viviane Paiva

Atuaram na edição desta obra:

Revisão Gramatical
Gabriella Araujo
Hellen Suzuki

Diagramação
Joyce Matos

Projeto Gráfico | Capa
Paulo Gomes

Ouvidoria: ouvidoria@altabooks.com.br

Editora afiliada à:

Dados Internacionais de Catalogação na Publicação (CIP) de acordo com ISBD

L965v	Luppa, Luis Paulo
	O Vendedor Tá ON: Como dominar mercados Online e Offline / Luis Paulo Luppa. - Rio de Janeiro : Alta Books, 2021.
	240 p. ; 16cm x 23cm.
	Inclui índice.
	ISBN: 978-65-5520-793-4
	1. Administração. 2. Vendas. 3. Negócios. 4. Mercados. I. Título.
2021-3717	CDD 658.85
	CDU 658.85

Elaborado por Vagner Rodolfo da Silva - CRB-8/9410

Rua Viúva Cláudio, 291 — Bairro Industrial do Jacaré
CEP: 20.970-031 — Rio de Janeiro (RJ)
Tels.: (21) 3278-8069 / 3278-8419
www.altabooks.com.br — altabooks@altabooks.com.br

SUMÁRIO

INTRODUÇÃO   1

PARTE UM: Compreendendo o que são vendas   7
- 1. O que significa vender?   9
- 2. As bases do Vendedor Pit Bull   13
- 3. Concorrência e percepção seletiva   17
- 4. Ou vai ou racha   21

PARTE DOIS: Técnicas de venda revolucionárias   27
- 5. Como vender mais   29
- 6. Vendas online e presenciais   33
- 7. A crise no mundo das vendas   37
- 8. Processo de decisão   39
- 9. Contornando objeções   45

PARTE TRÊS: Plano de ação   53
- 10. Estratégia do plano   55
- 11. Criando vantagem competitiva   59
- 12. Feedback   63
- 13. Gestão de crise   65

⏻ **PARTE QUATRO:** Como desenvolver seu processo de vendas   71
   14. O que é processo de vendas?   73
   15. Elaborando seu processo de vendas   79

⏻ **PARTE CINCO:** Padrão de gestão do Pit Bull   89
   16. Posicionamento   91
   17. Liderança   99
   18. Remuneração   105
   19. Treinamento e avaliação   109
   20. Gestão   117
   21. Resultados   121
   22. Metas   125
   23. Segmentação   133
   24. Desempenho   141
   25. Eficiência   149
   26. Recrutamento   153

⏻ **PARTE SEIS:** Marketing digital para sua empresa   163

    27. Seja a melhor opção disponível   165
    28. Analisando a concorrência   167
    29. Tráfego orgânico versus pago   169
    30. Google versus Instagram   173
    31. Tipos de anúncios   177
    32. Definindo público-alvo   181
    33. Quanto investir em anúncios   185
    34. Calculando o retorno   187
    35. Definindo sua abordagem comercial   189

⏻ **BÔNUS:** Gatilhos mentais do marketing digital   195

    36. Escassez   197
    37. Autoridade   201
    38. Comunidade   205
    39. Garantia   207
    40. Níveis de prova   209
    41. Vídeos   211

ENCERRAMENTO   215

ÍNDICE   217

AGRADECIMENTOS

Este livro foi escrito durante um longo e difícil período da minha vida, quando meu filho caçula teve que vencer o grande desafio de ter uma doença rara que tumultuou demais a vida dele. Foram sete penosos meses, quatro cirurgias delicadas, muitas horas de UTI e uma certeza: a fé.

Nós vencemos, e, toda madrugada que eu escrevia um trecho deste livro, eu conversava com Deus agradecendo pelos dias de vitória e por ter colocado em nossas vidas pessoas tão preciosas.

O Dr. Hamilton Matushita, muito mais do que um excepcional cirurgião, nos ensinou mais uma vez que comprometimento é palavra-chave na vida das pessoas de sucesso. E, apesar de não ser um vendedor, as suas atitudes me influenciaram positivamente e certamente estão presentes nesta obra.

O Dr. Renato Fiorenzano é um pediatra para todas as idades, pois cuidava do meu filho e de toda a minha família, além de participar de todos os processos e nos confortar e motivar todos os dias. Um nordestino nota 10 é esse doutor!

A equipe da UTI pediátrica do Albert Einstein, principalmente as enfermeiras, que me viam escrevendo na beira da poltrona durante a madrugada e cuidavam para que tudo ficasse bem e mais leve. Mulheres simplesmente maravilhosas.

AGRADECIMENTOS

O pessoal do centro cirúrgico, que me ajudava a me vestir para entrar na sala antes de cada cirurgia e dizia: "Você não é o Pit Bull? Vai lá e manda bala!"

> Saibam, cada um de vocês, que agradeço do fundo do meu coração pelo carinho e pela amizade!

SOBRE O AUTOR

Luppa é reconhecido como um dos maiores especialistas em vendas do mundo. É palestrante internacional, autor de 23 livros, de 32 DVDs de treinamento empresarial e de um curso digital. Destaca-se o best-seller *O Vendedor Pit Bull*, que está presente em mais de 30 países.

Luppa já vendeu mais de 2 milhões de exemplares, treinou mais de 1 milhão de pessoas em 12 países e acumulou diversos prêmios, entre eles o de excelência em treinamento de vendas, o de personalidade do ano de RH, o de palestrante revelação do Brasil e o de palestrante internacional Brasil–Japão.

É graduado em Direito e pós-graduado em Marketing no Brasil. É graduado em Varejo nos Estados Unidos, com cursos de especialização na Europa e nos Estados Unidos em Merchandising e Gestão Empresarial.

Luppa iniciou sua carreira como vendedor em 1980, atuando em empresas do segmento industrial, distribuidor atacadista, varejo e serviços. Foi gerente regional de vendas, gerente nacional de vendas, diretor comercial, diretor superintendente, vice-presidente e presidente de organizações nacionais e internacionais.

Em 1993, Luppa foi eleito, por uma consagrada instituição norte-americana, um dos melhores mil executivos do mundo.

SOBRE O AUTOR

Como empresário, em 1999, Luppa fundou a maior indústria de velas aromatizadas do Brasil, a Chandelle, e, com absoluto sucesso, implantou uma vasta linha de produtos em todo o varejo nacional. Após um processo de M&A em 2003, a empresa foi adquirida por uma gigante do setor.

Durante o período de 2005 a 2009, Luppa se dedicou totalmente à sua maior criação: *O Vendedor Pit Bull*. Muito mais do que livros, DVDs, palestras e treinamentos, é um modelo de gestão de vendas revolucionário.

Em 2009, Luppa ingressou no segmento do turismo ao se tornar sócio da Trend Operadora, empresa que, na época, faturava 200 milhões de reais, com abrangência nacional.

Nesse segmento, Luppa ganhou por três vezes consecutivas o prêmio Personalidade do Turismo do Brasil e, por oito anos consecutivos, foi reconhecido como um dos mais poderosos e influentes empresários do turismo brasileiro. Além disso, foi o primeiro sul-americano a ser membro do Conselho Mundial de Viagens e Turismo (WTTC).

Luppa, então, passou a residir nos Estados Unidos, onde abriu e adquiriu novas empresas, transformando uma operadora em um conglomerado de cinco empresas, o Grupo Trend. Com um faturamento de 1,5 bilhão de reais e prestígio internacional, o grupo se tornou uma das maiores empresas de turismo do mundo.

Em dezembro de 2017, Luppa vendeu a companhia, por mais de 290 milhões de reais, para o Grupo CVC.

Atualmente, Luppa, além de suas empresas, assessora algumas empresas que pretendem potencializar seus negócios, perenizar seus lucros, anabolizar seus resultados e ampliar seu valor de mercado.

Luppa é especialista em aceleração de vendas e transformação de negócios, com um estilo disruptivo e agregador. Sua experiência tem sido determinante para o sucesso em diversos segmentos de mercado no Brasil e no exterior.

PREFÁCIO

CARO LEITOR,

Sinto muito dizer, mas o que você está prestes a ver aqui vai causar somente dois efeitos. O primeiro pode ser negativo, já que você vai arrumar as desculpinhas de sempre para justificar a ausência de vendas. O segundo pode ser uma revolta positiva em que você se tornará alguém que juntou todos os pontos e finalmente entendeu como funcionam os padrões de venda online.

Nos últimos anos, a minha empresa no nicho de produtos digitais vendeu mais de 100 mil unidades dos meus treinamentos online. São mais de 100 mil clientes em menos de 5 anos. Esse número pode ser encarado de diversas formas, mas quero lhe dar a visão mais coerente e que também contribuirá para o seu aprendizado.

Meu primeiro contato com o Vendedor Pit Bull não foi como parceiro de negócios. Na realidade, foi bem distante disso. Eu costumava ir a livrarias e ficar sentado lendo livros por alguns minutos, porque eu não tinha recursos para comprar nenhum deles. Aquele cara que se dizia o Pit Bull das vendas sempre me chamou a atenção e, nessa época, em meados de 2011, quando ainda tinha vinte anos, eu trabalhava com a venda porta a porta de sites e serviços digitais.

Prefácio

Não sei qual é o seu ramo de atuação, mas o meu era dureza. Chegar a empresas aleatórias e vender um sucesso baseado somente na informação era algo surreal naquela época. Foi assim que eu comecei, com pouco acesso à informação, mas com muita vontade de dar certo. Em 2015, acabei tendo uma mudança de rota. Após passar por algumas agências em que coordenei grandes marcas, decidi que queria abrir algo meu, que vendesse somente online e pudesse me dar a tão sonhada liberdade.

Eu me recordo como se fosse hoje do meu primeiro chefe em uma agência, alguns anos depois de ter tido bastante experiência do suor e pastinha debaixo do braço das vendas do dia a dia na rua. Fui recrutado como estagiário de Business Intelligence, que é basicamente um trabalho em que você analisa dados comportamentais e os transforma em tomadas de decisão e melhoria do desempenho comercial. Eu tinha que apresentar um relatório de performance de um e-commerce de vinhos. Como ainda era estagiário, tinha algumas dificuldades em conectar os pontos, até que, certo dia, ele chegou em mim e disse o seguinte:

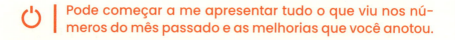 Pode começar a me apresentar tudo o que viu nos números do mês passado e as melhorias que você anotou.

Nessa hora, meu coração ficou gelado, porque eu sabia que tinha deixado passar alguma coisa. Quando comecei a me enrolar com números e gráficos das mais de vinte páginas dos relatórios que desenvolvi no PowerPoint, ele simplesmente se levantou e disse que o tempo dele valia dinheiro e que, na próxima, esperava não perder tempo comigo ou estaria fora. Foi a minha primeira semana nesse lugar e definitivamente não parecia um estágio, mas um treinamento para o Bope Digital.

Prefácio

Acabei sendo forjado dentro de algo diferente do mundo normal e, por isso, me identifiquei tanto com o Luppa. Em 2015, comecei minha empresa com dinheiro emprestado de um amigo e tinha poucas chances de dar certo. Sempre fui o cara das planilhas e dados, habilidades que adquiri anos atrás e que, sem dúvidas, contribuíram para aquilo que se tornou hoje um império digital.

Certo dia, no ano passado, meu WhatsApp tocou e era uma indicação de um amigo para um novo parceiro de negócios. Eu dei o OK para passar o meu número, porque sei que, de acordo com a metodologia de vendas que aprendi anos atrás, eu não era o maior interessado.

Para minha surpresa, quem me chamou no WhatsApp foi alguém que eu e você conhecemos bem. O próprio Luís Paulo Luppa, que eu lia na livraria uma década atrás, quando precisava aprender a essência do campo de batalha. Marcamos uma reunião para avaliarmos uma possível parceria — era um "match" entre amigos em comum. Vou lhe falar que essa foi a reunião mais difícil da minha vida, porque eu simplesmente estava diante do mestre que foi meu mentor sem ao menos me conhecer.

Eu estava pronto. Já tinha passado por muita coisa, tinha respostas na ponta da língua, me preparei como o Pit Bull Digital por anos, já tinha uma estrutura consolidada e conseguia não somente contornar cada uma das dúvidas do gigante, como contribuir com as ideias, pois realmente conseguia adaptar tudo do offline para o digital. As experiências anteriores, tanto de negociação como de estratégia de sucesso e fracasso, me deixaram pronto para esse momento.

A estratégia ideal, o custo por cliente, a verba de investimento, a projeção de retorno, o comportamento dos usuários, o funil de vendas online... Não existia nada para o qual não houvesse uma resposta pronta para o mestre das vendas.

Olhando para trás, vejo que é disto que você precisa, estar preparado para quando a oportunidade chegar. Tenho certeza de que você

Prefácio

está no lugar certo e com o conhecimento certo em mãos. Basta, agora, fazer o que poucos fazem: colocar em prática, guardando as crenças limitantes no bolso.

Fico muito emocionado ao relembrar coisas pelas quais passei até, um dia, realmente ter a honra de conhecer alguém que poucos tiveram a oportunidade, o verdadeiro Pit Bull. Não somente pelos números absurdos de resultado, mas também por sua essência. Uma das minhas maiores conquistas foi poder realmente chamá-lo de amigo e ter conselhos em diversas áreas da vida. Mal sabe ele que isso vale muito mais do que os negócios que desenvolvemos juntos.

Nesta leitura, você vai instalar na sua mente um novo código e desbloquear a sua habilidade de gerar vendas online. Você pode arrumar desculpas, mas nunca mais vai conseguir negar que aqueles que vendem na internet estão nadando de braçada na sua frente. Aqui você encontrará tudo, desde como atrair o seu novo cliente e ter o primeiro no topo do seu funil em que acaba de encontrar a sua empresa e saber o que fazer, até a estratégia de como trabalhar esse novo prospecto e chegar à conversão final. Tudo isso já com a ótica do verdadeiro Vendedor Pit Bull e adaptado para o mercado digital, em que a maioria dos seus concorrentes ainda está se perguntando como fazer.

Faça bom proveito deste conteúdo. O conhecimento contido neste livro é capaz de transformar vidas para sempre. Aproveite para me acompanhar no Instagram: @brunnotassitani.

Brunno Tassitani

Empresário. Proprietário de uma das maiores estruturas de produtos digitais do país com mais de 100 mil cursos on-line vendidos nos últimos anos.

INTRODUÇÃO

Meus amigos e minha família, de um modo geral, sempre me olharam com quem pensa: "Esse aí não vai dar para nada..." E quando você assume uma posição profissional e se apresenta como vendedor, aí que o povo sai do achismo e vai para a certeza mesmo.

Vendedor... Na minha época, mais ou menos em 1986, plena Copa do Mundo, para um cara se intitular vendedor, ele tinha que ser louco, muito corajoso ou totalmente sem noção. Vendedor era ocupação, não profissão. Era coisa de quem já tinha tentado de tudo e não chegava a lugar algum. É, meu amigo, foi aí que comecei a minha trajetória rumo ao sucesso, uma escalada dura, porém sem paradas. Fui de ponto a ponto com o firme propósito de ser vendedor e estar vendedor o tempo todo, o que preservo até os dias de hoje.

Só que, naquelas tardes quentes de sol escaldante do Nordeste, a vida não era nada fácil. Eu passava 45 dias fora de casa, viajando. Afinal de contas, eu era um autêntico vendedor viajante e, nossa, eu adorava.

Hoje em dia está cheio de gente que nunca vendeu nada para ninguém, nunca comandou uma força de vendas, nunca carregou uma pasta, nunca passou um pedido de venda pelo telefone (orelhão), nunca preencheu um talão de pedido (bloco com papel carbono), nunca bateu uma meta, mas vai lá na internet e paga de patrão.

Os famosos "especialistas"!

Introdução

O cara fica dando dicas de algo que nunca fez, como pode isso?

Vendedor que é vendedor reconhece na hora esses almofadinhas que posam de terninho e têm jeito de intelectual. Vendedor não é intelectual, não é chique e vai sempre direto ao ponto, porque o que interessa é o *pedido*, é a *venda*.

Por isso, resolvi escrever este meu 23º livro, com essa pegada mais forte e extremamente objetiva.

A saga continua!

Depois do sucesso mundial de:

- O VENDEDOR PIT BULL, o profissional indispensável para sua empresa!

E do sucesso de:

- O VENDEDOR PIT BULL 2, porque crise é para os fracos!

Chegamos sem dó e pegando pesado a este novo livro:

- O VENDEDOR TA ON!

Este livro é a estrutura do meu curso digital, que está disponível para que você acompanhe todo o passo a passo da linha do tempo de um campeão de vendas de maneira organizada e absolutamente prática. Nada de historinha, vamos falar do que funciona e do que já foi comprovado na prática.

Sou um cara de vendas e gestão de vendas há mais de trinta anos e com sucesso absoluto e incontestável. Se você ainda não me conhece e quiser se certificar disso, por favor, visite meu site, v2g.com.br, e entenderá por que falo com autoridade técnica.

Introdução

Importante é seguir o caminho ao lado de quem já caminhou e chegou lá, não de quem ouviu falar que acha que é por ali...

Sou conhecido como "O Vendedor Pit Bull", título do meu primeiro livro, que vendeu mais de 2 milhões de exemplares em 30 países.

E por que não vendedor poodle? Simples, porque eu batia metas todos os meses, era agressivo, determinado e focado em atingir resultados, exatamente como um pit bull. Daí o apelido.

Em vendas, você vive ligado no 220v. O negócio é produzir, visitar, relacionar-se e gostar de muita, mas muita confusão mesmo. Se você não tem esse perfil, vá ser psicólogo ou professor de ioga.

Este livro vai ajudá-lo demais a entender os diversos conceitos que, inúmeras vezes, são os vilões do seu negócio, ou seja, os motivos pelos quais o cliente não compra de você.

Gosto das coisas como elas têm que ser. Essa historinha de ficar inventando nome para tornar vendas algo científico não existe. Vendas são um processo com técnicas específicas e que, se bem praticadas, levam ao êxito.

Tenho receio dos vendedores que falam de pipeline, de leads e de coisas assim. Vendedor Pit Bull tem que falar pedido, cliente, entrega, meta, focar o cliente e estudar a melhor maneira de surpreendê-lo e mantê-lo fiel ao longo do tempo. O cliente nunca é da empresa, é sempre do vendedor. Então cuide tão bem do seu vendedor quanto você cuida do seu cliente!

Vendedor tem que ser simples, expansivo, crítico, gostar de resolver problemas, ser quase que uma bomba-relógio. Esses são os bons. Vendedor cordeirinho não vende nada, tem que ser vendedor de pista, vendedor raiz. Aí, sim, vão considerá-lo um Vendedor Pit Bull.

Este livro foi feito para você ler em 1h30 no máximo, amigo. Até porque não existe vendedor literário, que aprecia leitura e tem uma

3

Introdução

coleção de romance policial em casa. Vendedor mesmo lê a coluna de esportes do jornal online, verifica o WhatsApp, coloca suas conquistas no Facebook e no Instagram e vai em frente!

Quando entrevisto um cara para a área de vendas e ele começa com expressões em inglês, está com caneta Montblanc e o sapato está brilhando por causa de alguma resina, já desanimo na hora. Vendedor mesmo quer saber quanto é a meta, como são o produto e o mercado, e quanto ele vai ganhar se superar a meta. Esse é o papo!

Papo reto, como diz meu amigo e Vendedor Pit Bull, Kadú Pimentel.

Devore este livro e faça um upgrade em sua vida pessoal e profissional.

Manda bala, irmão!

Vendas são um **PROCESSO** com **TÉCNICAS** específicas e que, se bem **PRATICADAS**, levam ao **ÊXITO**.

⏻ PARTE UM

COMPREENDENDO o que são VENDAS

CAPÍTULO 1
O que significa vender?

Aposto que você já escutou algo do tipo: "Ó, esse cara nasceu vendedor!" Isso está errado! Ninguém nasce nada, amigo. Você conhece alguém que nasceu astronauta ou piloto de Fórmula 1? Não, né? Então como é que alguém pode nascer vendedor?

Basicamente, existem três conceitos fundamentais em vendas que você precisa saber:

O QUE É VENDA?

VENDER É:

- Criar um mapa visual
  - Prazer de ganhar
  - Medo de perder

O VENDEDOR TÁ ON

Desenhe esse mapa mental e cole-o onde você o veja todos os dias. Você não vende uma viagem para Paris sem fazer a pessoa visualizar a Torre Eiffel. Para vender um carro, você precisa colocar o cara dentro do carro, seja literal ou metaforicamente. A grande questão é: não existe venda sem *visualização*.

É aí que entra o prazer de ganhar. Tome como exemplo a venda do carro: imagine que você chega à concessionária e é atendido por um vendedor experiente, aquele cara que sabe o processo com exatidão, que sabe a hora de dar o bote, um verdadeiro pit bull. O cara morde e não larga!

Você chega querendo um Corsa, um carro simples, e ele cria um *mapa visual* na sua cabeça, mostrando que você merece mais do que isso, e lhe oferece um upgrade: ele mostra outro carro, um Corolla, por exemplo, e lhe oferece o *prazer de ganhar*, dizendo que é dez, mas que vende por nove. E, no final, gera o *medo da perda*: diz que só tem um. A *escassez* faz você comprar.

A venda não é como algo que você acorda e simplesmente diz que vai fazer. Todo dia em que alguém ou você mesmo diz "hoje eu vou vender", acaba não vendendo nada, porque venda é processo.

Hoje em dia, o vendedor não pode ser um visitante profissional. Ele tem que ter um motivo para ocupar o tempo do cliente — tem que ter um porquê.

Pergunte-se: "O que vou fazer no meu cliente hoje?"

- Resolver um problema?
- Oferecer uma promoção?
- Apresentar um produto novo?
- Propor um plano de compras sequenciado para garantir descontos sucessivos?
- Apresentar uma nova proposta de layout e exposição dos produtos?

O que significa vender?

Se a sua resposta para esses itens for NÃO, então fique em casa! Até porque ficar em casa está na moda.

Se não conseguir apresentar algum benefício ao seu cliente, o seu concorrente fará isso por você. Quanto mais benefícios você gera, mais perceptível fica o *valor* do seu produto ou serviço.

Você tem que entender bem o que são vendas. Veja só a definição de venda, segundo o dicionário, e me diz se não é aterrorizante:

> Contrato por meio do qual uma pessoa — vendedor — transfere ou se obriga a transferir a outra — comprador — a propriedade de coisa determinada, cujo preço é por ele pago segundo condições estipuladas.

Meu amigo, se você leu até o final, está de parabéns, porque é para desistir de ser vendedor!

Por isso, resolvi criar minha própria definição de vendas no meu primeiro livro, *O Vendedor Pit Bull*, que tem mais de 2 milhões de cópias vendidas e está em mais de 30 países. Ele é a base de toda minha obra. Nele, eu falo o seguinte:

> Venda é uma arte milenar praticada por pessoas altamente qualificadas — que pode ser você — que buscam preencher a lacuna entre a necessidade e a expectativa de uma solução, de uma forma contagiante e equilibrada, gerando benefícios para alguém muito especial, como seu cliente.

Aí muda tudo, não é?

VENDAS É ISTO: tem um pouco de ludismo, fantasia e adrenalina.

CAPÍTULO 2
As bases do Vendedor Pit Bull

Aqui você vai aprender o passo a passo para estruturar seu processo de venda, em função de um produto ou serviço, físico ou online, ativo ou receptivo. Para começo de conversa, você precisa entender que diversos fatores impactam seus resultados.

Já aconteceu de você entrar em uma loja e o vendedor vir com aquela abordagem clássica, perguntando se pode ajudar?

Quando isso acontece comigo, respondo o seguinte: "Claro que você pode me ajudar: deposite 1 milhão na minha conta." Se eu precisasse de ajuda, chamava os bombeiros ou a polícia. O vendedor tem que matar a venda! A culpa não é do produto; quem perde a venda é sempre o vendedor, *sempre*. Por isso, vou lhe dar quatro instruções muito valiosas. Copie-as e cole no espelho do banheiro para as ler todos os dias!

Estas dicas servem para você que é empreendedor, lojista, vendedor, gerente ou supervisor de vendas. Servem para você que trabalha com seu carrinho batendo lata, visitando loja ou vendendo seu produto na internet.

DEFINA SUAS METAS FINANCEIRAS

Por quê?

Ora, porque se você não sabe o que quer, quem é que vai saber? "Eu quero, eu preciso, eu devo, eu posso buscar 1 milhão, 2 milhões, 10 milhões." Você tem que estabelecer uma *meta financeira* para ter o que buscar, a que se apegar. Sem um objetivo bem definido, vai acabar atirando para todos os lados.

TRANSFORME METAS FINANCEIRAS EM METAS MERCADOLÓGICAS

O que eu preciso vender para alcançar meu objetivo? Para quem eu preciso vender? Processos são respostas inteligentes a perguntas mais inteligentes ainda.

O que você definiu antes em números, vai definir agora em termos de alcance de público e abrangência de mercado. Para frente!

PROJETE MUITO BEM SUAS AÇÕES DE VENDAS

O que eu preciso fazer para chegar aonde quero?

Toda ação gera resultados, até as ruins. No entanto, você não está lendo este livro para fazer besteira, então trate de planejar suas ações de vendas com base nos problemas que está enfrentando e nos caminhos que deseja conquistar para seu negócio.

ORGANIZE SEU APRENDIZADO E
PLANEJE SUAS INOVAÇÕES

Se hoje uma criança pequena pega o celular e acessa a maioria das plataformas sozinha, imagine o quanto você precisa aprender, o quanto ela já está na sua frente. Aprendizado, inovação e atualização da sua abordagem são essenciais. Tem que se adaptar o tempo todo, caso contrário você vai ficar para trás.

Antigamente, os presidentes das empresas costumavam ser especialistas em marketing devido ao apelo que a área tinha na década de 1990, muito calcado nos trabalhos de Philip Kotler, cuja primeira palestra no Brasil eu tive o prazer de participar. Nessa experiência, ele apresentou o famoso conceito dos *quatro Ps do marketing*: produto (*product*), preço (*price*), promoção (*promotion*) e praça (*place*).

Naquela época, achava-se que os marketeiros eram os grandes caras, os grandes sacadores. Com as crises, emergiram os craques da área financeira, que não deixavam a empresa quebrar. Até que se percebeu que quem toca o negócio, na prática, é quem sabe vender, ou seja, é quem domina a arte de vender e de negociar.

Há perguntas que me fazem quase todo dia. Uma delas é para que se aprimorar em vendas e se esforçar para tal.

Este livro é para quem quer vencer. Este livro é para quem gosta de suar a camisa. Se você está achando que é autoajuda, esqueça, não vai rolar. Dois mais dois são quatro, quatro mais quatro são oito e oito dividido por quatro são dois. É assim que funciona na prática, no sangue. Por isso, é importante dizer o que fazer, quando fazer, onde fazer e por que fazer. Assim que terminar esta leitura, você já vai aplicar conceitos e ideias à sua empresa e à sua vida que lhe darão resultados imediatos.

CAPÍTULO 3
Concorrência e percepção seletiva

Mas que palavrinha, hein? Esta daí tira o sono: *concorrente*.

O concorrente é um cara que perturba todo mundo. Mas, obviamente, depende do concorrente.

O preparado, por exemplo, é ótimo. Você vai a essas ruas que têm muito comércio, como no centro de São Paulo ou do Rio de Janeiro, e percebe que, quanto mais agressivo é o concorrente, mais para cima ele puxa você. Porém, é muito importante que você entenda o espaço dele.

A melhor base estrutural e intelectual para conceber a concorrência são os grandes estrategistas de guerra. Esses caras estudavam os adversários como ninguém. É fundamental saber quem é seu concorrente, onde ele está, o que ele faz, o que ele faz melhor do que você e o que faz pior. A arte de encurralar um concorrente dá muita *vantagem competitiva*. Uma pergunta que você deve se fazer diariamente é: como faço para não perder cliente para a concorrência?

Agora vou lhe contar por que você PERDE cliente para o concorrente:

O VENDEDOR TÁ ON

O CLIENTE NÃO SABE QUE VOCÊ EXISTE

Já pensou nisso? Quem não é visto não é lembrado. Se o cliente não sabe que você existe, ele compra de outro. Simples assim.

Esse papo de que você não se dá com o mundo digital é caminho certo para a falência. Você tem a *obrigação* de estar no mundo digital se quiser levar seu negócio ao sucesso ou mesmo sobreviver com ele. Além disso, uma boa *divulgação* do que você faz é o diferencial para destacá-lo.

O CLIENTE SABE QUE VOCÊ EXISTE, MAS NÃO CONSEGUE ENCONTRÁ-LO

O cara pesquisa o nome da sua empresa no Google, mas não acha. Ele procura no Instagram, não encontra. Ele não se depara com nenhuma propaganda sua, não vê divulgação, não vê nada. Às vezes, você tem uma loja e não é visto por não fazer uma *promoção de vendas* ou um bom *merchandising*. A propósito, você sabe o que é merchandising?

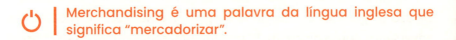 Merchandising é uma palavra da língua inglesa que significa "mercadorizar".

Quando você vê na novela alguém bebendo refrigerante e diz: "olha o merchan!", saiba que você está errado! O verdadeiro nome disso é propaganda subliminar.

Merchandising só acontece no ponto de venda. Se você tem um ponto de venda e o cliente não o encontra é porque sua vitrine não é atrativa; porque a abordagem do seu primeiro vendedor não é atrativa; porque o letreiro da loja está malfeito; ou, então, porque você não se comunica bem. Enquanto isso, o concorrente está nadando de braçada na sua frente.

Concorrência e percepção seletiva

O CLIENTE ATÉ O ENCONTRA, MAS COMPRA DO CONCORRENTE

Considere o seguinte exemplo: você está no shopping e quer comprar uma bola de futebol. Todo shopping grande tem mais de uma opção. Aí eu lhe pergunto: por que você compra de uma loja e não de outra? Fácil: porque quem lhe vendeu o fez *melhor* do que o concorrente, e não simplesmente trabalhou mais, afinal shoppings têm horário fixo para abrir e fechar, que é o mesmo para todas as lojas.

O segredo não é trabalhar *muito*, mas trabalhar *melhor*. É como remar: se você aprende a técnica para remar com mais *eficiência*, vai mais longe.

O CONCORRENTE É FUNDAMENTAL

O cliente já comprou, só que não compra mais. Aí é triste, não é? Significa que você está falhando no processo, no *funil de vendas* ou em alguma outra etapa. O processo de vendas tem que ser matador, se você não entende que as coisas têm início, meio e fim, vai sofrer sempre com o efeito maratona.

Lembra-se da São Silvestre? Na entrada há umas trezentas pessoas, todo mundo se alongando, cartaz pendurado, fantasia, aquecimento... a motivação está a mil. Na largada, todo mundo sai. No primeiro quilômetro, a maioria começa a pensar "Pô, já cheguei até aqui, já valeu o esforço" e desiste. Como está mais preparado, o concorrente sai na frente e vai até o fim, enquanto você fica na largada.

CAPÍTULO 4
Ou vai ou racha

Perceba só como este conceito é interessante: o "não" vem sempre antes do "sim". A primeira palavra que surge na mente do cliente, amigo, é o "não". "Está caro", "é feio" e "parece que não vai durar" são todos nãos disfarçados!

Você já deve ter escutado isto: "O 'não' você já tem, então lute pelo 'sim'." É exatamente assim que funciona. E, se você pensa que estou falando isso para deixá-lo motivado, esqueça — é bem pelo contrário.

Sabia que você é uma pessoa extremamente vitoriosa? Vou lhe contar o porquê. Tudo na vida é uma questão de dados, estatística, conhecimento. Achismo não serve para nada. Já parou para pensar como você chegou a este mundo? Tem gente que passa pela vida e não percebe o valor disso. A primeira coisa que você fez ao chegar neste mundo foi competir. A segunda foi vencer. Havia milhares de espermatozoides querendo alcançar o mesmo óvulo, mas quem o alcançou foi *você*! O fato de a gente ter chegado até aqui é motivo de comemoração. No nosso subconsciente, já somos vitoriosos, é a vida que nos estraga.

Seu psicológico começa a ser afetado desde o berço. Todo mundo que se aproxima fala a mesma coisa: "Olha que gracinha, olha que bonitinho..." Às vezes, você nem era tão bonito, ou vai ver era feio mesmo, mas todo mundo elogia, moldando seu subconsciente. Assim,

O VENDEDOR TÁ ON

quando ouve o primeiro "não", você faz cara feia, chora ou desiste. Tem gente que vai largar este livro pela metade ou mesmo antes. Se você pretende parar por aqui, se pretende desistir, saiba que essa é uma decisão para a vida.

Desistir é a parte mais FÁCIL do jogo.

Quando você vem ao mundo, recebe um treinamento básico para ser vítima, para se justificar e dar desculpas. Todo mundo recebe. E é por isso que o "não" vem sempre antes do "sim". Você deveria usar esse aspecto do subconsciente a seu favor, não contra você.

Já viu alguém tentar vender uma caneca a R$100 e o cliente dizer de primeira "Maravilha, me dá mil delas"? Amigo, isso é história para boi dormir, isso não existe! A vida é luta, é competição, e primeiro vem o "não": "Não quero", "Não preciso", "Não gosto".

Falo sobre esse assunto mais adiante neste livro. Por enquanto, o importante é você entender que está aqui porque competiu, venceu e foi treinado para desistir — só que a escolha é sua. Vamos em frente ou não?

O VENDEDOR TÁ ON

MANDAMENTOS DO VENDEDOR PIT BULL

1. **Quando entrar na guerra**, entre para ganhar! O aumento da participação de mercado é o objetivo. A mente do cliente é o campo de batalha. O concorrente é o inimigo que você precisa derrotar.

2. **Não deixe que seus problemas particulares contagiem os clientes.** Ao contrário, envolva-os em felicidade e entusiasmo. Quando você está feliz, a criatividade e o entusiasmo aumentam, e os resultados aparecem.

3. **Não espere sucesso sem esforço** nem aguarde que a a empresa se responsabilize pelo seu desenvolvimento profissional em vendas. Se ela não o fizer, você estará irremediavelmente prejudicado e não terá ninguém para culpar.

4. **Como vendedor, você precisa pensar em metas.** Como vencedor, também precisa pensar em metas, mas grandes e desafiadoras.

5. **Conhecimento e comunicação são componentes do poder!** Quem não lê está desatualizado e se comunica mal. Ah! Você não gosta de ler? Então escute! Existe uma grande quantidade de áudios disponíveis no mer-

Ou vai ou racha

cado. Em vez de se irritar quando está parado no trânsito, você pode aprender e se valorizar profissionalmente.

6. **Por maior que seja a sua empresa e o seu poder de fogo**, nunca despreze a concorrência e o que ela anda fazendo. Disputar mercado é um verdadeiro jogo de xadrez. Se não souber como o adversário está dispondo as pedras e como prever as jogadas futuras dele, não vai conseguir jogar e muito menos vencê-lo.

7. **A globalização e a facilidade de acesso ao conhecimento estão reduzindo as vantagens tecnológicas entre a sua empresa e os concorrentes.** Concentre-se nos pequenos detalhes. Eles tenderão a se transformar nos grandes diferenciais.

8. **Flexibilidade é uma característica presente na vida dos profissionais de vendas bem-sucedidos**. Se você não mudar seu modo de pensar, não mudará suas crenças, seu comportamento, seu desempenho e não mudará sua vida.

9. **Os clientes só começarão a respeitá-lo como pessoa e como profissional a partir do momento em que você conseguir se respeitar.** A opinião que os outros têm a seu respeito é formada a partir da opinião que você tem sobre si mesmo.

10. **Assuma o controle da sua vida profissional enquanto é tempo. A empresa poderá fazer muito por você, sempre esperando melhores resultados.** Mas o lado profissional é apenas uma parte do todo. Ou você investe em todas as áreas, ou o seu ciclo de vida profissional chegará rapidamente ao declínio, e quem perderá será você.

PARTE DOIS

TÉCNICAS de venda REVOLUCIONÁRIAS

CAPÍTULO 5
Como vender mais

Durante os mais de 35 anos em que acumulei experiências profissionais como vendedor, gerente de vendas, diretor de vendas, presidente de organizações nacionais e multinacionais, empresário (graças a Deus, bem-sucedido) com mais de mil funcionários e escritórios em mais de quinze países, a pergunta que mais me fizeram, sem sombra de dúvida, foi: "Como é que eu faço para vender mais?"

Minha resposta é outra pergunta: "Por que as pessoas compram?" Por que as pessoas se dispõem a botar a mão no bolso e usar o dinheiro para pagar por algo que você está vendendo? Existem cinco razões, que são:

AS PESSOAS COMPRAM PORQUE GOSTAM DO VENDEDOR

Ninguém compra nada de ninguém se não tiver a tal da *empatia*. A primeira coisa que a pessoa compra é o vendedor. Já ouviu falar que o vendedor, quando sai da empresa, leva os clientes com ele?

Um equívoco comum das empresas é achar que os clientes são da empresa. Não são. Os clientes são de quem os atende, de quem cuida deles, de quem vende para eles. Por isso o papel do vendedor é tão importante para a empresa. Falo de recrutamento e seleção no Capítulo 26.

AS PESSOAS COMPRAM PORQUE O PREÇO PARECE JUSTO

Seja o que for, da forma que for, se é pela internet, na loja física ou na feira — a feira, inclusive, é um show de vendas —, as pessoas compram porque o preço parece adequado. Olha que interessante: ele *parece* adequado. Isso porque, quando o preço *é* justo, a venda está feita. Quando ele *parece* justo, você está no jogo.

Então as pessoas compram porque gostam do vendedor e porque o preço parece justo. Certo, mas e por que elas continuam comprando? Vamos ao terceiro tópico.

AS PESSOAS COMPRAM PARA RESOLVER UM PROBLEMA OU COBRIR UMA NECESSIDADE

O que você está vendendo, de alguma forma, resolve um problema ou atende a uma necessidade do cliente. Assim, as pessoas compram porque você atende a uma necessidade delas. Simples, porém fundamental.

AS PESSOAS COMPRAM PARA AUMENTAR SUA PRODUTIVIDADE

De alguma forma, você aumenta a produtividade do cliente. Esse é outro motivo diferencial.

Já viu alguém comprar um carro para demorar mais a chegar no escritório? Já viu alguém trocar de computador para demorar mais a executar os programas? O cliente compra porque quer ter a vida facilitada e a produtividade aumentada.

AS PESSOAS COMPRAM PORQUE PERCEBEM VALOR NO QUE VOCÊ ESTÁ VENDENDO

Talvez este seja o motivo mais importante que explica por que as pessoas compram. Quando as pessoas compreendem o *valor* do seu produto ou serviço, o *preço* vira apenas um detalhe.

CAPÍTULO 6
Vendas online e presenciais

Aqui começa aquela grande discussão a respeito do seguinte: vendo meu produto na rua, monto uma loja, vendo na internet ou esquematizo uma pirâmide?

É comum dizerem que só se vende online. Isso é uma grande bobagem e um grande perigo. Sendo assim, quais são os produtos e/ou serviços que você pode e deve colocar para vender online?

Simples, todo produto ou serviço *cujo valor possa ser comunicado de maneira clara*. Um exemplo excelente é o livro. Sabia que este é um dos produtos que mais vende online? Porque a internet só precisa comunicar o valor. Imagine que você entra em um site e queira comprar o livro *O Vendedor Pit Bull*. Ele foi bem divulgado, então você acessa o anúncio e vai comprá-lo. Você encontrou o livro e reconheceu a capa, assim não precisa ir à livraria. Ao entrar em qualquer um dos canais de *marketplaces*, vê o resumo do livro — em alguns casos, tem até o primeiro capítulo disponível para leitura gratuita. Para que sair do conforto da sua casa se você pode comprar online? Como o valor pode ser comunicado, não há necessidade de sair.

Por outro lado, todo produto que possui *valor agregado* não é uma boa opção para se vender na internet. Um exemplo são vendas que dependem de consultoria. Você acha que consegue vender um guindaste na internet? Você sabe qual é a porcentagem da popula-

O VENDEDOR TÁ ON

ção que compra carro pela internet? Já participei do lançamento de alguns modelos de carros de grandes marcas, como Ford e Chevrolet, e é impressionante como as pessoas precisam ter contato com os produtos de valor agregado mais elevado. Além disso, existem vários tipos de consumidor, sobre os quais falo no Capítulo 8.

Toda vez que é necessário comunicar mais do que apenas o valor, quando é necessário agregar valor, a internet o deixa na mão. Imagine que seu produto seja absolutamente técnico: não existe site que permita teste desse tipo de produto; então, a internet não é o melhor lugar para vendê-lo.

Não existe canal de distribuição ideal, existe a *adequação* do seu produto ou serviço a diversos *canais de distribuição*. Este é o princípio do marketing e da venda: ter inteligência para *segmentar mercados*. Esse é o princípio da *estratégia exclusiva*.

Tem gente que pergunta: "Se você não está na internet, como pretende sobreviver?" São coisas distintas. Você pode estar na internet para se promover, divulgar, explicar ou vender. Se o objetivo é vender, só funciona se o cliente precisar saber apenas o valor do produto ou serviço. Não funciona se ele precisar de algo além do que a mera comunicação.

Você alguma vez já entrou em algum site para comprar um carro? Esse tipo de venda só funciona, até certo ponto, porque o carro, novo ou usado, tem uma característica específica: ele é exclusivo. Eu e você podemos ter um carro do mesmo modelo, cor e ano, mas eles nunca serão iguais. Seminovo é estado e procedência, e cada um tem um estado e uma procedência. Assim, o funil para no meio do caminho, porque ele só agrega valor até certo ponto.

AGORA EU LHE PERGUNTO O SEGUINTE: como a gente pode não ser fã dessa tal internet?

Vendas online e presenciais

Outra questão que você não pode ignorar é o cliente que acessa o Google, um site de busca, e não sabe direito o que quer. Tem gente que não sabe o que quer; e tem gente que acha que sabe, mas não sabe. De repente, esse cara está navegando e encontra você, que fica todo contente. "O cara me achou, o cara acessou meu site!" Aí tem o detalhe: ele o achou, mas não comprou nem sequer ligou ou mandou um e-mail. Enquanto isso, o concorrente está bombando, porque está mais bem estruturado e se comunica de maneira mais eficaz com o *público-alvo*. Assim, os *clientes potenciais* percebem os *benefícios* que a empresa pode gerar para eles. Caso contrário, não adianta.

Imagine que o cara veja minha foto em alguma rede social. Quando me conhece pessoalmente, ele se decepciona. Com menos de 1,70m de altura, você tem que fazer uma entrega consistente!

Se você está no mundo online, por exemplo, e teve menos de 1% de conversão, precisa entender que 1%, na internet, é um negócio gigante, então comemore. Só que aí entra o problema, amigo: os outros 99% que não fizeram negócio com você. Será que foram para o concorrente? Será que não entenderam o que você oferece? Ou, pior ainda, será que entenderam, mas não gostaram? Se eles não gostaram, você está criando uma multidão que vai destruí-lo lá na frente, então é muito importante comemorar o 1% sem ignorar os 99% que não compraram.

Imagina que você abriu uma loja em um shopping (que custa uma fortuna para manter). Quantas pessoas passam na porta da sua loja? Quantas entram? Quantas compram? O shopping tem um movimento enorme, não é? Quantas pessoas estão com uma sacolinha de outra loja na mão? E ainda tem gente que só foi tomar um café. E aí?

O mesmo vale para o mundo online: não é porque você teve cem acessos que foram cem negócios fechados, tampouco esses cem acessos representam uma possibilidade de ter fechado cem negócios.

O VENDEDOR TÁ ON

Por isso, entender a *visitação* e a *conversão*, e saber o que fazer com isso, é muito importante.

    Muito cuidado. As vendas online o conduzem por um caminho de facilidades, de escalar, de acumular volume. Considere um aluguel por temporada. O proprietário coloca um anúncio maravilhoso, fecha o negócio, mas, na hora que vai entregar as chaves, a casa está suja e desorganizada. O que acontece? O *ciclo de vendas* da casa é interrompido, não tem recompra, o cliente não faz recomendação. E vender uma vez só, amigo, até minha avó vende.

CAPÍTULO 7
A crise no mundo das vendas

Para começo de conversa, crise é desculpa de quem não sabe vender. Quando pensamos em crise, logo vemos que quem passa dificuldade são aqueles caras que nem sequer sabem o que vendem.

Negociar é algo tão fundamental que, se você não souber fazer, não tira nem o controle remoto da mão do seu filho. Você negocia o dia inteiro, o tempo todo. Agora imagine fazer isso por dinheiro, em escala. Tem que ter muita técnica.

Agora, se você *sabe* o que está vendendo, você *vende*. Se *não sabe* o que está vendendo, *não vende*. Simples.

Sou advogado por formação. Fico pasmo com a quantidade de advogados que não sabem fechar negócio. Então, eu lhe pergunto: de que adianta o cara passar quatro anos estudando códigos e leis, se no final das contas ele não consegue fechar negócio com o cliente de que precisa? De que adianta saber tudo sobre direito se ele não consegue sequer fechar um contrato de honorários, se não consegue vender sua capacidade e sua aptidão? A resposta é fácil: não adianta de nada.

Imagine que seu filho foi preso, você procura um advogado e ele te diz o seguinte: "Vamos entrar com um *habeas corpus*, depois vamos fazer uma defesa prévia, aí teremos uma audiência..." Você não quer saber de nada disso, certo? Você quer seu filho solto.

Se ele soubesse vender, sabe o que diria? "Vou trabalhar pela liberdade do seu filho." Aí entra a questão: quanto custa a liberdade do seu filho? Esse é o tom da venda.

Quem sabe vender vende a *essência*.

Quem não sabe vender propaga a crise!

CAPÍTULO 8
Processo de decisão

Todo mundo precisa aprender a vender. Não importa se você é ambulante, arquiteto, médico ou engenheiro, você precisa aprender a *vender*.

Aí entra uma questão importante: vender *para quem*? Como a pessoa que está do outro lado vai se comportar? O que ela vai achar de você?

Se você visitar uma loja de eletroeletrônicos, vai perceber que quem demonstra interesse em comprar uma TV vai pedir ao vendedor que a ligue, que demonstre seus recursos. O mesmo acontece quando alguém vai comprar um carro. A pessoa precisa ter a *experiência*.

Três fatores influenciam o processo de compra: a *mente*, o *coração* e o *bolso*. O processo de venda passa pelos três.

Algo que costuma não faltar em bolsa de mulher é um batom. E o que é um batom na bolsa de uma mulher? Tenho certeza de que a maioria diria que é um cosmético. Eu, por outro lado, enxergo a esperança de um romance. Tudo depende da maneira como as pessoas se comportam na hora de comprar.

E como as pessoas se comportam antes, durante e depois de uma crise? O comportamento de compra é completamente diferente.

O VENDEDOR TÁ ON

O mundo depois do isolamento social será um novo mundo, com novas regras. Algumas informações que ficaram armazenadas na mente das pessoas influenciarão seu comportamento de compra.

AS PESSOAS VÃO PASSAR A PRIORIZAR A SEGURANÇA

Hotelaria com certificado de higienização e cabeleireiro de máscara são exigências que vieram para ficar.

O que as pessoas aprenderam com o isolamento social? Elas começaram a perceber que não precisam de tudo o que achavam que precisavam para viver. Isso aumenta a tendência a querer passar mais tempo com a família e priorizar a *segurança* e a *liberdade*. O que você acha mais fácil de acontecer depois do isolamento: uma família entrar em um avião fechado, com várias pessoas, ou pegar o carro e fazer uma viagem curta? Isso é oportunidade para o turismo nacional, por exemplo.

Observe como o *comportamento de compra* influencia a economia, agora imagine se não vai influenciar sua relação com o consumidor. Ele vai gastar mais vezes, com menos dinheiro. A visão do consumo passa pelo poder aquisitivo; pela decisão entre produtos e marcas; preços competitivos; questões como qualidade e garantia, facilidade de pagamento; e, muito importante, pontos de vendas distintos. Significa que o cara vai achá-lo na internet, na loja ou em qualquer outro lugar.

A necessidade da compra é sempre racional, mas a decisão é sempre emocional.

Processo de decisão

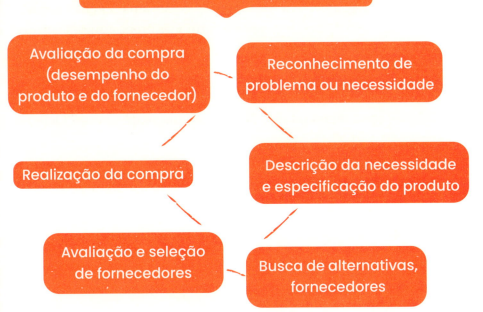

Para saber se o cliente vai continuar comprando com você ou não, fique atento, porque você está sempre sendo *avaliado*. Quem paga pelo serviço ou produto não quer compreendê-lo — quer julgá-lo. E aí entra a famosa pergunta: por que alguém compraria da sua empresa? Já lhe perguntaram isso? "Ah, porque eu atendo direitinho" e "porque meu preço é bom" não são respostas válidas.

Vamos ao nível estratégico.

Por que as pessoas **COMPRAM**?

- Compartilhamento de futuro.
- Qualidade do produto.
- Custo parece bom.
- Logística do produto.

O VENDEDOR TÁ ON

As pessoas compram de você porque querem vivenciar a *experiência* do seu produto ou serviço, pois aprenderam a *admirar* a qualidade daquilo que você se propõe a fazer. Elas prestigiam sua entrega devido ao preço ser justo e à logística ser *executável*. Isso significa simplesmente que o produto ou serviço será entregue.

Compartilhar, algo que está muito na moda hoje em dia, antes de qualquer coisa, é *entender o cliente*. Mas que cliente é esse? Quem é esse *consumidor*?

Amigo, vai ser muito difícil avaliar todo mundo que passa na sua loja ou visita seu site. Porém, você precisa aprender alguns conceitos fundamentais.

Imagina que esteja ouvindo passos e vendo pegadas. Pelo som, talvez não dê para distinguir, mas pela aparência você sabe se quem passou foi um cachorro, um lobo ou um leão. Por isso, precisa aprender a identificar e distinguir as pegadas do cliente.

Existem quatro estilos de consumidores:

AFÁVEL	ANALÍTICO	ANIMADO	PRAGMÁTICO
Íntimo Amigo	Gráfico Excel	Louco Sacana	Só quer saber do final
Lento e emocional	Lento e racional	Rápido e emocional	Rápido e racional

Processo de decisão

Qual deles é o seu consumidor? É o *afável*, aquele cara que parece seu amigo de infância, íntimo, mas que é lento e extremamente emocional para decidir? É o *analítico*, que tem sede de ver números e gráficos para tomar uma decisão, por ser muito racional? É o *animado*, mais fácil de vender e de ter uma insatisfação futura por causa da expectativa excedente? Ou é o *pragmático*, que fica cortando com perguntas como "quanto é?" ou "como funciona?", para ir direto ao ponto de maneira rápida e absolutamente racional?

É muito importante saber PARA QUEM VOCÊ ESTÁ VENDENDO, porque a pegada de um lobo e a de um leão são bem diferentes, assim como o problema, se você não souber distingui-los.

CAPÍTULO 9
Contornando objeções

Amigo, se a vida fosse fácil, seria uma maravilha, hein?

Já pensou que bom seria vender sem ter objeção? Costumo dizer que a objeção é o drama dos desesperados. Agora, você precisa entender o que é a *objeção*, senão vai se assustar quando acontecer.

Com frequência, a objeção tem a finalidade de *atrasar a decisão de compra*. Ela existe porque o cara quer esfolá-lo e conseguir o melhor preço. É a *batalha da venda*.

A objeção existe para abalar seu emocional, para tirá-lo da sua condição de negociante. A objeção existe para que o cliente fuja da responsabilidade e a deixe nas suas mãos. A objeção existe porque o cliente quer demonstrar certo desinteresse pelo produto e, assim, dominar a negociação e abrir mais possibilidades.

Muitas vezes, você não percebe a objeção porque existe uma *intenção oculta* nela.

O cara está objetando porque quer mais riqueza de detalhes. Imagina um jogo de futebol: você já assistiu a um jogo de noventa minutos que não teve nenhuma falta? Em todo jogo ocorre pelo menos uma falta, e ela pode ser uma excelente oportunidade para quem está preparado.

O VENDEDOR TÁ ON

A falta é uma objeção. A diferença é que, para os grandes craques, a objeção é uma *oportunidade*. E, para os grandes craques de vendas, também. Você tem que ser aliado das objeções. Quanto melhor você entender por que o cara parou, mais chances você tem de sair na frente dele.

A cada objeção que vence, você ganha mais *autoridade*. A cada vez que o cliente diz "A" e você prova que, na verdade, é "B", mais a sua *credibilidade* aumenta. A objeção não tem só o lado negativo. Muitas vezes, você acaba desistindo no meio do caminho por achar que a objeção trava você. E, muitas vezes, acaba confundindo o *estilo de comprador* com *objeção*. Às vezes, o consumidor é aquele cara que pergunta muito, que o estressa, mas isso não quer dizer necessariamente objeção, pode ser apenas o estilo dele.

Um conceito de que gosto muito é o dos *Ds da objeção*:

Os Ds da Objeção

- Desconfiança
- Desconhecimento
- Desvantagem
- Desnecessário

Muitas vezes, a objeção reflete um *desejo de compra*. Se você não estiver *determinado* a vender, vai perder a venda.

Você sabia que, segundo estudos, 63% das vendas acontecem depois da sexta objeção? Agora olhe que lamentável: 75% dos vendedores, em média, desistem da venda na primeira objeção. Sabe por que isso acontece? Falta de treinamento. Esses vendedores não sabem que, na maioria das vezes, a objeção é uma grande *oportunidade*. Lembre-se do exemplo da falta. A falta é uma objeção. Se você sabe

Contornando objeções

bater falta, sabe como transformar uma objeção em oportunidade para marcar um gol.

Existem alguns tipos clássicos de objeções:

A OBJEÇÃO PSICOLÓGICA

Será que sim? Será que não? Esta é severa e acontece muito.

A TORTURA

O cara vai interrompendo-o a cada minuto para ver se você desiste de uma vez.

A OBJEÇÃO DA HIERARQUIA

Esta acontece quando o cara começa a colocar pedras no caminho, para se posicionar como dominante na relação.

A OBJEÇÃO DO PREÇO

"Nossa, por que tão caro?", "Mas R$10, isso tudo?", "Como consigo pagar tanto?". O cara se fixa no preço. Toda vez que isso acontece é porque ele não entendeu o que você está vendendo.

A OBJEÇÃO DA RIQUEZA

O cliente acha que o produto/serviço não se adéqua aos padrões dele.

O VENDEDOR TÁ ON

A OBJEÇÃO DO INTERESSE

"Não quero", "não preciso" ou mesmo "não tenho interesse" são argumentos comuns.

A OBJEÇÃO DO BLEFE

O cara blefa mesmo, na cara dura. Nem ele sabe o que está dizendo, e você, na ânsia de vender, entra na historinha dele.

 > Quantas vezes você já ouviu frases do tipo "não tenho tempo", "não tenho essa necessidade", "não gostei" ou "vou pensar e depois volto"? Amigo, a objeção é uma grande oportunidade para vender. Aproveite-a!

Quem sabe **VENDER**, vende a **ESSÊNCIA**. **QUEM NÃO** sabe vender, propaga a **CRISE!**

O VENDEDOR TÁ ON

MANDAMENTOS DO VENDEDOR PIT BULL

1. **O ponto de partida para você se diferenciar da concorrência** e se tornar visível aos olhos dos clientes é saber exatamente o que eles precisam e, a partir daí, preparar sua empresa para surpreendê-los. Todo o resto é perfumaria!

2. **Competência e amizade** formam uma parceria difícil de combater. Para aproveitar essa sinergia na hora de prospectar novos clientes, lembre-se: *o amigo do seu amigo é seu amigo também*. Sabe o que isso significa? Solicitar indicações!

3. **Como um detetive,** o seu objetivo é determinar o que está, de fato, preocupando o cliente, para desenvolver e apresentar uma solução. Para isso, utilize as cinco perguntas tradicionais: "Quem?"; "O quê?"; "Quando?"; "Onde?"; "Por quê?".

4. **Dois clientes poderão comprar exatamente o mesmo produto** por necessidades completamente diferentes. Você poderá comprar um sapato para proteger os pés ou para combinar com o terno novo. Motivos diferentes exigem estratégias de vendas diferentes e proporcionam oportunidade de vendas também diferentes.

Contornando objeções

5. Não saia de uma visita sem solicitar no mínimo três indicações. Na pior das hipóteses, você poderá não conseguir nada. Se conseguir, na hora de procurar a pessoa indicada já não será um ilustre desconhecido, mas um amigo do amigo.

6. Antes de sair a campo atrás de informações sobre clientes, defina como e quem será o responsável por armazenar, atualizar e disponibilizar os dados. Usar um banco de dados desatualizado é desperdiçar tempo e dinheiro atirando no alvo errado.

7. Quem ouve mais aprende mais! Preste bastante atenção a tudo o que o cliente disser e, especialmente, à forma como disser. Um detalhe poderá fazer a diferença entre fechar ou não uma venda. Para perguntar bem, é preciso ouvir melhor.

8. Não se utilize de informações de terceiros sem confirmar com a pessoa responsável. Partir de premissas falsas, além de atrapalhar o andamento da negociação, poderá criar mal-estar entre as pessoas envolvidas.

9. As pessoas são atraídas pela embalagem. Olhe-se no espelho! Como você se vê? Seu modo de vestir e sua postura corporal poderão dar uma pista sobre que tipo de cliente você anda atraindo.

10. Quando estiver diante de um cliente, aprenda a confiar no que a sua intuição lhe diz. A intuição coloca à sua disposição, no momento certo, as informações de que precisará para definir a estratégia de venda mais adequada.

Plano de AÇÃO

CAPÍTULO 10
Estratégia do plano

Estou certo de que, pelo menos uma vez, você já se perguntou: "Por que eu não estou evoluindo?", "Por que meu negócio não está vendendo?", "Por que eu não estou tendo sucesso?". A resposta é a mesma para todas as perguntas: por falta de um *plano de ação* adequado.

Você sabe qual é a essência do plano de ação? Uma boa *estratégia*. As pessoas falam por aí sem saber o que falam. Se você perguntar a algumas pessoas "o que é estratégia?", a maioria não sabe, no entanto, para ter um plano que funcione, precisa entendê-la bem.

> **O QUE É ESTRATÉGIA?**
> Estratégia é a criação de um valor único, é você realizar atividades diferentes de formas iguais. Estratégia é o que especifica o que a sua empresa efetivamente faz.

As pessoas confundem as coisas. Você não pode cair na bobagem de confundir *eficácia operacional* com *estratégia*. Fazer as coisas da maneira certa não significa ser estratégico — isso é ter eficácia operacional. A essência de uma boa estratégia, na verdade, está em *fazer as coisas certas*.

O VENDEDOR TÁ ON

Imagine que você esteja em uma guerra: estratégia é saber quando e de que maneira atacar. É completamente diferente de ter eficácia em um ataque que não foi bem planejado.

Os gestores, grande parte das vezes, cometem o erro clássico de confundir eficácia operacional com estratégia. Você não vai mais cometer essa gafe! Pare de se preocupar com a melhor forma de fazer as coisas — isso é eficácia operacional, não tem nada a ver com estratégia.

Uma boa *estratégia* possui quatro pilares:

DIAGNÓSTICO

Diagnóstico é o que o médico fornece durante a consulta. Agora pense no funil de vendas: se tem um monte de gente entrando, por que a conversão está tão baixa? Você tem que entender, isto é, precisa saber *diagnosticar*.

EXECUÇÃO

O mais importante é a gestão estratégica. Não adianta ter uma estratégia se você não sabe conduzi-la. É como ter uma excelente estratégia para derrotar o inimigo no meio de uma guerra e o general ficar com medo de partir para o combate.

VISÃO E TENDÊNCIA

Tome como exemplo o celular: já acrescentaram tanta utilidade a ele que, hoje em dia, quase ninguém compra celular por causa do telefone em si. As pessoas o compram por causa do GPS, do WhatsApp, para tirar e compartilhar fotos, para se conectar com outras

Estratégia do plano

pessoas etc. Porém, em essência, o primordial seria o telefone. Isso é *visão*.

CONTROLE

Ao estruturar seu plano, você precisa de *dados*: o que acontece no *macroambiente* e no *microambiente*. O que acontece dentro e fora do negócio e o que o acompanha.

Agora vamos à sequência de ações para elaborar uma boa estratégia:

A primeira coisa a se fazer é *pesquisar*. Em seguida, *segmentar*. Você precisa saber o que vai vender, onde, para quem, com que embalagem e como vai entregar. Isso é segmentar, e obviamente você só fará uma boa segmentação de fizer uma boa pesquisa antes. E olha o funil aí de novo! Você precisa segmentar para conseguir a maior *conversão* possível. Em seguida, precisa se *posicionar* e *priorizar*.

Posicionamento é o grande lance da estratégia. Se quiser vender barato, tem que se posicionar com quem vende barato. Aqui vai um exemplo: sabe quanto custa uma esfiha em um restaurante árabe? Cerca de R$5 ou R$6. No Habib's, custa R$1. Ela é melhor do que a outra? Não faz diferença, porque o público é diferente. Isso é posicionamento. Um se posicionou para vender barato, enquanto o outro, para vender qualidade. O posicionamento é o pai da estratégia.

Priorização diz respeito à ordem dos fatores, que, neste caso, altera o produto. A estratégia precisa dizer o que fazer e quando fazer, sempre com *análise* do que foi feito e *feedback* para que haja *controle*.

Voltando ao funil de vendas, que todo mundo gosta: imagine que entrem mil clientes no funil que você projetou. Você consegue colocar mil pessoas em contato com sua empresa, seja online ou presencialmente, não importa. Você se comunicou bem e apresentou a empresa para mil pessoas. Dessas mil, apenas cem foram falar com você, ligaram para seu escritório, mandaram e-mail ou se inscreveram na sua lista. Dessas cem, você vendeu para cinco.

Eu lhe pergunto: o que fez com que essas cinco pessoas comprassem? Por que você não vendeu para as outras 95? Este é um dos objetivos da estratégia: analisar a realidade, entender seus "porquês" e "comos".

Estratégia é uma palavra bonita de falar e simples de fazer: basta se embasar nos fundamentos. É dessa maneira que se planeja e gera resultados. Aí, sim, você vai ter vantagem competitiva no seu negócio, que vai fazê-lo se *destacar* da maioria.

**Mergulhado no oceano vermelho
NINGUÉM QUER FICAR, MEU AMIGO.
Nem você, nem eu, nem o concorrente!**

CAPÍTULO 11
Criando vantagem competitiva

Como criar vantagem competitiva no seu negócio:

Primeiro, é importante entender que criação de oportunidade é diferente de ter uma área de eficiência e inovação.

Em seguida, você precisa ter em mente que capacidade de adaptação significa saber *reconfigurar seus recursos*. Às vezes, há recursos subutilizados ou mal utilizados na empresa. E reconfigurar o que já tem é diferente de trazer coisas novas — que é bem mais caro.

O VENDEDOR TÁ ON

Outro fator de muita importância é *agir em tempo real*. Hoje em dia, os grandes negócios, que o pessoal chama de *startups unicórnio*, são os que têm logística flexível, são escaláveis e cabem dentro de um celular. Esses dominam o mundo. O resto é história.

Por último, você gera vantagem competitiva *diminuindo os custos* e *aumentando a qualidade*.

A vantagem competitiva passa por esses pontos. Quando tem estratégia e vantagem competitiva, você tem condição de desenvolver *táticas operacionais* para fazer o negócio dar certo, e essas táticas passam por *operação* e *controle*.

Lembra-se do funil? Se você não controla o que está acontecendo nele, não interessa quantas pessoas entram. Se você não sabe se o prato que serviu chegou quente à mesa do cliente, se a pizza que o entregador do iFood levou a 100km/h chegou torta, todo seu esforço vai por água abaixo. Você tem que pensar sempre no consumidor, no canal, no custo, no contexto, no concorrente e, claro, na sua empresa. Isso tudo é *operacional*. Aspectos como produto, preço, comunicação, distribuição etc. precisam estar no seu plano de ação. Eles são muito importantes, porque são responsáveis pelo sucesso do seu negócio.

Os objetivos existem para orientar sua empresa, seu negócio ou mesmo para orientar a empresa em que você trabalha. E como ficam esses objetivos depois do isolamento social, eles mudam? Tem algo que nunca vai mudar: o cara que é vendedor não necessariamente é empreendedor. Para ter sucesso, você não precisa empreender. Às vezes, não é seu perfil. O perfil do empreendedor basicamente é alguém que não se incomoda ao assumir riscos, que tem competências multidisciplinares. O vendedor, não. Vendedor é aquele cara matador, um *sniper*.

Agora, se você tem um negócio ou trabalha no negócio de alguém, precisa entender o *mindset*, os pilares de uma empresa de sucesso.

Criando vantagem competitiva

Não interessa o tamanho da empresa, se é uma gigante como a Coca-Cola ou uma padaria que você abriu há uma semana. Algumas empresas, como o Google, começaram em uma garagem. O Facebook, por exemplo, nasceu de uma conversa. Por que não pode ser você?

As empresas de sucesso estruturam sua lógica da seguinte maneira:

Não interessa o que você construiu; interessa o que o cliente *percebe* da sua construção. As empresas de sucesso têm enraizado no planejamento e na estratégia *reter o cliente* para comprar mais e de novo. Elas pensam o tempo todo em soluções inéditas, como o que fazer diferente, como superar o concorrente, como melhorar o desempenho da equipe, como contratar os melhores profissionais etc. Elas investem em treinamento, porque é muito mais barato treinar do que ficar com um cara despreparado. Elas são movidas pelo sucesso dos mercados emergentes e fazem parcerias estratégicas, porque

O VENDEDOR TÁ ON

ninguém vai a lugar nenhum sozinho. Se você não se enquadra nesse universo, está com os dias contados.

Antes, as pessoas vendiam em um mundo simples, absolutamente controlável, previsível, lento e estável. Hoje, elas vendem em um mundo complexo, dinâmico, imprevisível, instável e completamente fora de controle. Uma verdadeira loucura.

Então, amigo, sai dessa de ser old school e ficar offline. Este livro é para ajudá-lo a sobreviver, a atravessar o deserto e saber o que fazer logo em seguida, porque senão a travessia terá sido em vão. Para ajudar com o plano de ação e as medidas práticas, ofereço a você o *circuito dos seis pontos*:

Você não faz NADA sem resultado, praticidade, simplicidade, consistência, humildade e agilidade.

CAPÍTULO 12
Feedback

Quantas vezes você já ouviu falar em *feedback*? Até em casa sua esposa te dá feedback, não é? Aposto que ela vira para você e diz assim: "vamos ter uma DR, vou te dar um feedback..."

É muito importante você entender a função do feedback, saber aproveitá-lo ao máximo, conhecer suas principais características, o potencial que gera e os malefícios de não o fazer direito.

O feedback pode parecer algo simples, mas não é. Ele funciona como uma mola propulsora que *potencializa* o desempenho. Basicamente, a função do feedback é *ampliar a consciência* e a *percepção*, melhorando o *relacionamento da equipe* e o *desempenho coletivo*.

Para você nunca mais esquecer, existem *três tipos de feedback*:

- o da revisão,
- o da autoestima e
- o bom, que é o que funciona.

Vou te dar um exemplo para não esquecer nunca mais: imagine que você está jogando dardos. Depois de errar o alvo algumas vezes, vem alguém e diz: "olha, vou te dar um feedback, você errou todos".

O VENDEDOR TÁ ON

Preciso dizer que isso é inútil? Esse é o feedback de revisão, que não adianta nem produz nada.

Agora imagine que esse cara dissesse o seguinte: "tá indo bem, continua que você vai acertar. Foca a bolinha preta do meio, confie no seu potencial que você é o melhor!" Esse é o feedback da autoestima, quase tão inútil quando o outro, só que esse pelo menos motiva.

Por último, o *feedback bom* é o que *instrui para melhorar o desempenho*. Você vai lançar outro dardo e o cara diz: "espera, a posição não é essa, não, levanta mais o braço. Não olha para o dardo, olha para o alvo. Solta o dardo um pouco depois..." Esse é o feedback bom, que tem *hora certa* para acontecer e é fundamentado em *dados específicos*.

AÍ ENTRA OUTRA QUESTÃO: como superar as dificuldades apontadas no feedback?

Primeiro, estabelecendo uma relação de *confiança recíproca*. É necessário reconhecer que feedback é um *processo*, realizado em *conjunto*. Você precisa aprender a receber e a dar feedback sem ficar na defensiva. Afinal, você não está sendo acusado de nada. O feedback é para o seu bem.

Em segundo lugar, você precisa aprender a dar feedback *sem emoção*. Feedback não é cinema, é avaliação. Fundamentalmente, você deve focar comportamentos específicos sem julgar os valores da pessoa.

E quais são as características de um bom feedback?

Ele precisa ser honesto, descritivo, específico, claro, construtivo, oportuno e bem orientado. Qualquer coisa diferente disso nem chega a ser feedback. Cuidado, porque feedback malfeito é certeza de problema, meu amigo. E bota problema nisso.

CAPÍTULO 13
Gestão de crise

Agora, vamos falar de um assunto muito comentado por aí: a crise. Todo mundo fala a respeito das crises, e a história da humanidade está cheia delas. É crise econômica, crise política, crise de vírus, enfim, tem crise para tudo quanto é lugar!

Não é querendo agourar você, não, mas, pelos anos de experiência que tenho no mundo dos negócios e a projeção dos cenários futuros, posso afirmar com certeza que você ainda vai passar por muitas crises. Por isso, é fundamental que você esteja preparado para lidar com elas quando surgirem.

Existem quatro passos básicos para você gerenciar crises:

CONSTRUIR UMA EQUIPE DE ESPECIALISTAS PARA TOMAR DECISÕES GENERALISTAS

Você não precisa de ninguém para ficar opinando ou dando palpite sobre o que fazer. Ou o cara é especialista e contribui com propriedade para uma decisão generalista ou é um inútil. Simples.

O VENDEDOR TÁ ON

DECIDIR RÁPIDO E SER PRECISO

Em época de crise, o *tempo* é o seu maior inimigo. Por isso, você precisa ser *ágil* e *eficaz*.

Lembre-se de que a crise é um *limite*. Quando os recursos ficam mais escassos, você precisa tirar o máximo do mínimo.

SER PRECISO E RÁPIDO, MAS AVALIAR A EXTENSÃO E A CONSEQUÊNCIA DAS SUAS DECISÕES

No dia a dia, na sua empresa, você vai pagar ou receber uma recompensa por tudo o que fizer, então tudo vai depender da qualidade da sua decisão.

MONTAR UMA EQUIPE DE PESSOAS QUE TENHAM INTELIGÊNCIA EMOCIONAL PARA GERENCIAR A CRISE

Isso é muito importante para lidar com os problemas sem entrar em pânico, porque o pânico é um pacote: com ele, vem o perigo e o desespero.

E por acaso você já viu alguém se dar bem desesperado?

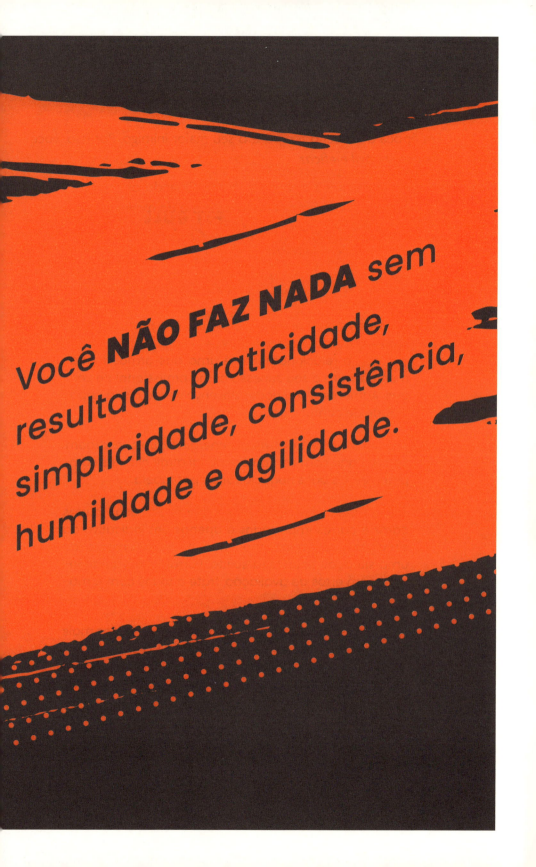

Você **NÃO FAZ NADA** sem resultado, praticidade, simplicidade, consistência, humildade e agilidade.

O VENDEDOR TÁ ON

MANDAMENTOS DO VENDEDOR PIT BULL

1. **Além da competência técnica e do conhecimento dos clientes,** o relacionamento é uma das armas fundamentais para o seu sucesso como profissional de vendas. Aumente o seu poder desenvolvendo a sua capacidade de comunicação.

2. **No relacionamento humano,** energias iguais se atraem. Se você agir com competência, vai atrair clientes competentes. Os bons negócios virão por tabela.

3. **Jamais avalie um cliente pela aparência!** Usar roupas caras e carros importados é apenas um indicativo da situação econômica, mas não necessariamente de uma situação financeira sólida. Portanto, para não incorrer em erros de avaliação, trate a todos com o máximo respeito.

4. **A necessidade de se relacionar com pessoas** dos mais diferentes estilos e personalidades faz do vendedor um "homem de muitas máscaras". Isso significa ser capaz de se adaptar ao padrão de comportamento deles, mas sem perder a sua própria característica.

Gestão de crise

5. **Torne-se insubstituível.** Tome posição como um verdadeiro vendedor-consultor, ou verá, dentro de muito pouco, a internet e outros meios digitais de relacionamento assumirem o seu lugar.

6. **Se você investir a maior parte do seu tempo** na primeira etapa da venda – relacionamento com clientes –, terá menos dificuldades mais adiante com objeções e chegará ao fechamento mais rápido e sem grandes percalços.

7. **Não se sinta diminuído pela simples razão da sua empresa** não ser a maior do segmento de mercado em que atua. Antes, pelo contrário, faça disso uma arma competitiva. Aproxime-se mentalmente dos seus clientes. Saiba o que querem. E aja mais rápido do que seus concorrentes.

8. **Ouça mais do que as palavras dos clientes.** Concentre-se nas suas ideias! Se você conseguir transformar essas ideias em produtos ou serviços que resolvam seus problemas, terá nascido uma parceria rentável e duradoura.

9. **Fazer com que os clientes conversem com você** é uma forma de levá-los a perceber que você é uma pessoa igual a eles e não simplesmente um vendedor. Faça perguntas que levem o cliente a falar sobre seus sonhos e emoções, não apenas sobre necessidades. Dessa forma, construirá um novo amigo.

10. **Seduza os clientes através da demonstração.** Sempre que possível, deixe que eles "brinquem" manipulando ou experimentando o produto. Ao deixar o cliente tocar o produto, você está envolvendo-o na venda e trabalhando o sentimento de posse.

PARTE QUATRO

Como DESENVOLVER seu processo de VENDAS

CAPÍTULO 14
O que é processo de vendas?

O processo de vendas é estruturado sobre três estágios: a pré-venda, a venda e a pré-venda da próxima venda.

Se você falou pós-venda, falou errado. Faça-me o favor de nunca mais dizer isso na sua vida. Pós-venda é um erro técnico claro, porque *não existe* pós-venda. Observe como isto faz toda a diferença: não existe pós-venda porque a venda é *cíclica*, ela nunca termina. A única pessoa capaz de encerrar a venda é o vendedor que não sabe o que faz.

Se a venda é cíclica, como é que pode ter "pós" alguma coisa? Pós-graduação só existe porque alguém se graduou antes; pós-morte só existe porque alguém morreu antes; pós-venda não existe porque *a venda não acaba no fechamento*.

O que existe é a pré-venda da próxima venda. Nunca mais diga pós-venda na sua vida, porque esse conceito está errado e vai acabar com você. Se não der seguimento na venda, se não acompanhar o cliente, ele vai dar margem para o concorrente — e você vai ficar aí, reclamando do quanto a vida é injusta.

Então, vamos recapitular: o primeiro estágio é a pré-venda, o momento em que você facilita a decisão de alguém, e faz isso mediante uma promessa. O segundo momento é a concretização dessa promessa, a entrega do combinado, que é a venda. A venda nada mais é do que a segurança de que aquilo que foi acordado será estritamente cumprido.

Mas, então, o que é a **PRÉ-VENDA** da próxima venda?

É *assegurar o benefício* que entregou e reiniciar o ciclo. Por isso a venda nunca acaba, e por isso ela não morre, a menos que o vendedor faça besteira.

Vou lhe dar um exemplo: você está doido para sair com a mulher dos seus sonhos, até que um belo dia ela aceita o convite para jantar. Você se arruma todo, vai a um restaurante romântico, pede um vinho chique, faz aquele *sambarilove* todo e fecha com uma noite de amor maravilhosa, com aquele desempenho que só você tem. A princesa fica louca por você. Então, na hora de deixá-la em casa, você dá boa-noite. Está brincando, né? Você tem que perguntar como é que foi, se ela gostou, e então, quando ela confirmar, você vai dizer o seguinte: "Que ótimo. Vamos sair de novo?" Isso é a pré-venda da próxima venda!

A pré-venda da próxima venda é garantir o benefício e *dar continuidade*! Não largue o cliente, acompanhe-o, dê continuidade à melhora que você ofereceu para a vida dele. Quando alguém entra em contato com você para saber como foi a experiência de adquirir um produto ou serviço, essa pessoa está fazendo a pré-venda da próxima venda.

O que é processo de vendas?

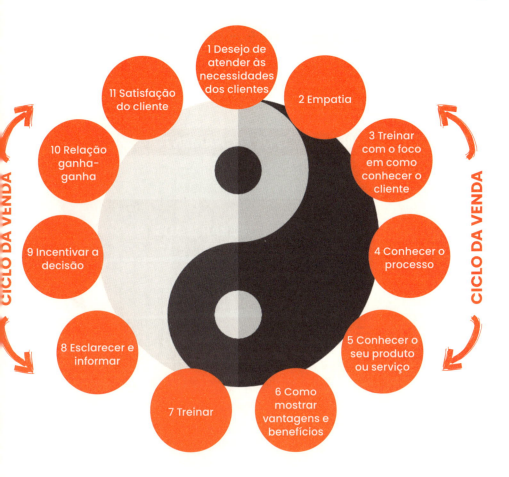

Escaneie essa foto, faça um quadro e coloque-a na parede!

Esse ciclo tem onze etapas. Se você não segui-las, simplesmente não sabe aonde vai parar. E, se não sabe para onde está indo, significa que qualquer lugar serve.

Por isso se fala tanto em funil de vendas. Ele é importante só porque é bonito? Claro que não. Os desafios mudam com o tempo e, com eles, a maneira de os superar.

Veja só o exemplo do futebol: todo mundo acompanha, todo mundo pensa que é técnico e comenta que o jogador tal "quebra a linha",

O VENDEDOR TÁ ON

termo que surgiu recentemente. Amigo, o Garrincha já fazia isso há muitos anos.

O funil é uma metodologia para *enxergar* seu empreendimento com mais clareza:

Agora, tendo o funil em mente, imagine que você fez um esforço enorme para gerar *visitantes* (que alguns gostam de chamar de *leads*) e conseguiu *converter* alguns. Você capta esses visitantes e, em seguida, começa a *classificar* quem entrou, a entender quem é esse cara, por que ele entrou no funil e por que está ali. Em seguida, você precisa *avaliar* que desafios e problemas esse cliente está enfrentando e que *solução* você vai apresentar para retê-lo no funil.

Aí é que entra a conversão e, em seguida, o fechamento.

O que é processo de vendas?

Imagine que, lá em cima, entraram mil pessoas, isto é, você captou mil leads. Desses mil, conseguiu avaliar, entender e interagir com cem. Desses cem, converteu cinco. Apenas cinco. O que aconteceu no caminho que, de mil, só cem interagiram com você e só cinco compraram?

Certamente, faltou um monte de coisa. Pode ser que você tenha negociado mal ou atendido mal. Por não ter conseguido preservar o *ciclo da venda* e ter pulado etapas, você deixou lacunas no caminho, o cliente caiu nelas e desistiu de comprar com você.

Agora pense comigo: como você faz para *aumentar a conversão*? Para que, desses mil que entraram, em vez de apenas cem falarem com você, duzentos ou trezentos falarem, por exemplo; ou para que, em vez de fechar com apenas cinco, você consiga fechar com vinte, trinta ou quarenta.

Reflita: se hoje você fecha com cinco, aprender essas técnicas e identificar o problema podem levá-lo a fechar com dez, que é o dobro. Já imaginou dobrar o resultado do seu negócio? Esse é o grande benefício que o funil proporciona.

Quando você identifica onde está errando e conserta, os resultados vêm. E, com esse funil, você pode ter uma conversão muito maior do que está tendo agora. Por isso é tão importante.

Agora, deixa eu mostrar uma armadilha em que muita gente cai e é bobagem. O cara pensa assim: "Ah, estão entrando mil, então vou orientar meus esforços para entrarem 2 mil, porque aí eu consigo aumentar a conversão." Mentira. A conversão só aumenta quando você *entende em que está falhando*, o que está faltando. Não caia na armadilha de achar que, se estão entrando mil, e você se dedicar para que entrem 2 mil, vai converter dez em vez de cinco. Você vai é parar no meio do caminho, porque as dificuldades continuam, os erros persistem, e os concorrentes, enquanto isso, estão praticando as técnicas que você está aprendendo neste livro.

O VENDEDOR TÁ ON

Antes de botar mais gente no funil, pergunte-se por que os 95 que interagiram com você não fecharam. Essa é uma questão inteligente e é um dever de casa que você precisa fazer: aplicar as técnicas que está aprendendo aqui. Aí sim a sua taxa de conversão vai aumentar e você vai poder aumentar a geração de leads.

Observe como a *retroalimentação do funil* é muito produtiva, rica e geradora de qualidade, antes de pensar em colocar mais gente nele. Sabe aqueles cinco caras que compraram de você? Já parou para pensar quanto valeria estabelecer uma forma de se comunicar bem com eles, de interagir com eles para entender os motivos que os fizeram comprar?

Se estabelecer um bom *canal de comunicação* e de interação com os clientes, vai conseguir um bom *feedback* deles e, consequentemente, converter mais. Você já aprendeu o que é e a importância de um bom *feedback* no Capítulo 12. Agora é a hora de aplicar. Estabeleça esse canal de comunicação com quem você converteu. Depois, volte naqueles 95 que desistiram e pratique. Você vai ver como vai dar certo.

CAPÍTULO 15
Elaborando seu processo de vendas

Ao falar de *processo de vendas* e de *funil de vendas*, temos que falar da preparação para ambos. A preparação deve ser *lógica*, e a primeira pergunta que você deve fazer ao projetar o funil é: qual é o problema que a sua empresa vai *solucionar* para cada lead?

Cada lead tem uma necessidade e o próprio problema urgente a ser resolvido. Se eles o procuraram, é porque buscam algum tipo de solução. Assim, você tem que ter a solução para entregar. Isso se chama *preparar o processo de venda*.

Outra ideia interessante é você apresentar *cases de sucesso*, que são basicamente depoimentos e *provas sociais* de pessoas que obtiveram soluções reais com seu produto. O dinheiro está curto e o tempo, escasso, ninguém quer se aventurar na hora de comprar, as pessoas querem ficar no time dos bem-sucedidos. Mostre a quem está dentro do seu funil de vendas os cases de sucesso que seu produto possibilita.

Isso nos leva a outro fator determinante: o que o seu produto agrega — as *características* e os *benefícios*. Ao promover o produto, vá direto ao ponto, não crie embalagem bonita para um produto vazio, mas uma embalagem *coerente* com a *dimensão* do produto.

Lembre-se de que é muito importante listar as primeiras objeções durante a preparação do funil e do processo de vendas. Se não fizer isso, ficará estagnado no meio do funil.

O VENDEDOR TÁ ON

No Capítulo 14, apresentei um exemplo baseado no funil de venda, em que 95% dos clientes não foram convertidos. Isso acontece por falta de preparo, por falta de listagem das primeiras objeções que os clientes costumam apresentar quando estão conhecendo as soluções que você está propondo. Não adianta jogar um monte de gente dentro do funil, porque os clientes, inevitavelmente, vão compará-lo com o concorrente.

Quando falamos de concorrência, é fundamental que o cliente entenda o *diferencial* do seu produto. Senão, você vai voltar para o atendimento de novo e ficar estagnado. Dá uma olhada no Capítulo 3, se quiser saber mais sobre o concorrente e como lidar com ele.

Outro fator importante é entender que quem escolhe o cliente é *você*, não o contrário. Qual é o tipo de cliente que você quer para sua empresa? Esse é o cliente que você deve preparar para entrar no funil. Que tipo de pessoa é o ideal para fechar negócio com você? É *você* que decide e prepara isso.

Isso é fruto de uma boa abordagem. Olhe quanta coisa é preciso fazer antes de abrir o funil e pensar em colocar gente dentro dele. Se o objetivo é *converter*, você tem que se preparar para converter. Nesse processo, você preparará a venda.

Existe um conceito que as pessoas chamam de *prospecção*. Prospecção nada mais é do que caçar clientes o tempo todo. Ao instaurar uma equipe de vendas, uma das tarefas que precisa executar é *orientar as atividades dos membros em função do tempo*. Uma dessas atividades deve ser *oxigenar a base de clientes*. Um funil de qualidade é um funil oxigenado, com novos clientes. A diferença é que agora, com a experiência que você está adquirindo lendo este livro, os resultados serão diferentes.

Para obter esses resultados, um dos pontos cruciais é ter uma abordagem *matadora*, sem improviso. Quem gosta de improviso é repentista. Não improvise: você precisa ter um texto pronto, um *script*, um

Elaborando seu processo de vendas

caminho a percorrer toda vez que conduzir o cliente através do funil. Lembre-se de que não é ele quem conduz; é *você* que o conduz. Quando o contrário acontece, você *não* fecha a venda.

E aí é que entra uma outra dificuldade, que é entender as *necessidades* do cliente — o que chamo de *interpretar* o cliente. Se você não tem uma capacidade de atendimento baseada em boas perguntas para obter boas respostas, não consegue interpretar o que o cliente *realmente* quer. Não pense que a sua solução cabe no bolso de todo mundo, pois não é assim que a banda toca. Sua solução não foi feita para todos. Embora seja projetada para atender ao maior número possível de pessoas, ela foi feita para atender a um de cada vez.

Depois que você interpreta o cliente e usa uma abordagem clara, fica faltando só a *proposta de valor irresistível*. Sim, a palavra é *irresistível* mesmo. Se ela não for irresistível, o cara vai ficar questionando-o e você vai acabar voltando para a fila do funil.

Faça uma proposta *personalizada*. Fuja do padrão. Entenda que o João e o Joaquim são do sexo masculino, mas que suas mulheres e famílias são diferentes. As pessoas são diferentes e gostam de soluções diferentes. Entenda as necessidades de cada um, seja por faixa etária, por região em que mora, pela dimensão do produto ou mesmo pelo preço.

Existem várias formas de personalizar a proposta, mas o principal é que ela seja irresistível e, fundamentalmente, mostre um benefício claro, bem claro.

Quantas pastas de dente existem no mercado? É tanto benefício que você nem sabe qual comprar. Uma clareia, a outra é anticárie, uma outra deixa com bom hálito, e algumas afirmam ter todos esses benefícios. O cliente fica perdido. Para evitar essa situação, seja claro no seu objetivo e na sua proposta. É isso e ponto, acabou.

Menos é mais, sempre. Principalmente no mundo online. Seja claro, porque a clareza faz toda a diferença. Quanto mais direto você for na

O VENDEDOR TÁ ON

sua proposta, maior o potencial que ela tem para ser irresistível. É aí que você começa a caminhar para matar a venda, como um verdadeiro Vendedor Pit Bull.

Tem gente que tem medo de fechar a venda. Isso mesmo, medo. Canso de ver cliente que, na hora de fechar, fica naquela: "Ah, então tá, que bom que o senhor gostou, a gente vai conversando, então. Obrigado, viu?" Medo! Medo de pedir a venda, de dizer: "O senhor gostou? Vamos fechar, então?" Tem gente que fica com medo do preço, escreve em um papelzinho e passa para o cara. Ou então manda aquela: "Vou te mandar a proposta por e-mail, vou te passar o preço pelo WhatsApp..."

 O que isso? Como assim? Na hora de dar aquela mordida digna de um Vendedor Pit Bull, o cara fica titubeando?

A hora do fechamento é a hora do pedido. De onde você acha que vem esse negócio de bloco de pedido? Vem lá dos tempos passados, em que a gente usava bloco de papel mesmo. O cara anotava o pedido do cliente, à mão. Enfim, se você não pedir a venda, o fechamento não vai acontecer, porque ele requer *ação* — mas muita ação mesmo. Quando faz um fechamento sem medo, com consistência, sem improviso, você faz seu dever de casa da forma correta. A partir daí, você começa a tornar a venda recorrente.

Para tornar a venda recorrente, é preciso *seguir* o cliente, para ver se a solução que você deu a ele *realmente* funcionou. Não abandone o seu cliente. Quanto mais estiver do lado dele, mais ele comprará com você.

Outro fator importante: tenha critérios para medir a satisfação dele. Você sabe quantas vezes eu fui a um restaurante e nunca mais voltei? Várias. Isso por um simples detalhe: deixei metade da comida no prato

Elaborando seu processo de vendas

e o garçom não teve o bom senso de perguntar se eu gostei. Como você volta em um lugar ao qual foi para ter uma experiência gastronômica e o cara não dá a menor importância se você gostou ou não?

Esses clientes fogem de você e não voltam mais! Depois não adianta ficar reclamando de não ter venda recorrente. Siga seu cliente, acompanhe se a solução deu certo, não o abandone. Gere *satisfação* sempre que possível.

Agora, deixe eu lhe fazer uma pergunta particular: depois de tudo isso que aprendeu aqui só sobre processo de vendas, você consegue detalhar o seu?

Se estiver com dificuldade para fazer isso, reveja as técnicas que acabamos de ver e desenhe seu processo de vendas. Em seguida, se for dono do seu empreendimento, você vai atender a um pedido meu fazendo o seguinte: você vai se sentar com o seu gestor de vendas e um vendedor e vai pedir que eles lhe expliquem o processo de vendas da empresa, do produto ou do serviço. Rapaz, vai ser uma riqueza que só. Às vezes, a gente descobre que está andando em um veículo a 120km/h sem motorista.

Agora, você que trabalha em uma empresa, não interessa se é de pequeno, médio ou grande porte, o processo é sempre o mesmo. Se você tem um líder ou chefe (se for chefe, você está com azar; se for um líder, está com sorte), pratique o seguinte: faça perguntas. Não se esqueça de que o bom negociador faz perguntas.

Experimente chegar para o seu chefe, líder ou superior e dizer o seguinte: "Estou confuso com esse caminho que estamos seguindo... Você poderia esclarecer quais são os nossos diferenciais competitivos e repassar a construção do nosso processo de vendas, o passo

O VENDEDOR TÁ ON

a passo que devo seguir com o cliente?" Se ele não fez isso quando você chegou, no dia do seu treinamento, há muitas perguntas a serem respondidas. O problema está aí.

Esta pode ser uma excelente oportunidade — das grandes mesmo —, porque na hora que você se interessa, você se destaca. Na hora que aprende, você se distancia da maioria. E na hora que praticar, amigo, aí é que você vai ficar feliz da vida com a bufunfa extra que vai aparecer.

O processo de venda é tão importante que a maioria dos lojistas (pelo menos os que fizeram meu treinamento), por exemplo, aprende um outro conceito, inerente ao processo de venda, que é a *leitura dinâmica do varejo*. Imagina o seguinte exemplo: você trabalha em uma loja no shopping. Às 12h15 entra um cara de blazer com a camisa social aberta, usando calça de tergal e sapato, e diz "Preciso de uma gravata!" Aí você vem com aquela: "Ó, gravata é aqui, mas e um sapato, o senhor não quer?" O cara responde: "não, não, quero a gravata". Então você tenta empurrar uma camisa para combinar com a gravata... Amigo, você está fazendo tudo errado! Não é hora da oferta, é hora de *solução*. O cara chegou com um problema simples, ele precisa apenas de uma gravata.

Agora imagine que esse mesmo cara volta às 20h com a mulher dele, vestido do mesmo jeito, e diz: "Amigo, boa noite, eu queria uma gravata..." Aí é outra história. Primeiro, você não vai vender para ele, mas para a mulher dele, porque quem decide é ela. Isso se chama leitura dinâmica do varejo. Quando oferecer a gravata, faça a oferta para a pessoa certa. "Será que essa camisa não combina com essa gravata, o que a senhora acha?" Pronto. É só prestigiar que ela já vai gostar de você. Entendeu a diferença?

Agora são 10h30 de uma manhã de domingo. O mesmo cara entra com a mesma mulher e pede a mesma coisa, só que dessa vez ele está com o filho de cinco anos. Nesse caso, a primeira coisa que você precisa pensar é como anular o menino, porque ele vai ser o maior

Elaborando seu processo de vendas

influenciador para sair daquela loja rápido e você não vender nada. Quando o cliente entra em uma loja de brinquedo, é completamente o inverso. Você vai vender para o pai? Não, né? Nesse último caso, deixe a criança influenciar, para a mãe ou o pai decidir.

A leitura dinâmica do varejo faz parte do processo de venda. Você precisa *interpretar* o que está acontecendo e *aplicar a técnica certa na hora certa*. Se não fizer essa leitura, não vai *gerar valor* para o cliente. No primeiro caso, o que o cara queria? Comprar uma gravata? Não, ele precisava *resolver um problema*. Quando resolve o problema do cliente, você fica bem na foto.

Agora, quando precisar de um entendimento mais específico do cliente e da venda, siga o que já falei várias vezes: faça *perguntas abertas e inteligentes*.

> "O senhor precisa de uma gravata? Para que finalidade? Vai usar no trabalho ou é para ir a um casamento? Uma só basta?"

Caso uma criança estiver na loja com o responsável: é aniversário dela? Então, é um procedimento. É uma compra aleatória? É uma comemoração especial? Aí, o procedimento é outro. Se você não entender o "porquê", nunca vai entender o "para quê". Sem isso fica difícil. Então pergunte, pergunte e pergunte mais. Na resposta, você sempre vai ter um processo a seguir para chegar ao final da venda e o cara dizer "sim".

O VENDEDOR TÁ ON

MANDAMENTOS DO VENDEDOR PIT BULL

1. **Os mapas mentais dos clientes são diferentes.** Isso significa que cada pessoa é motivada por uma emoção também diferente. Dessa forma, aprenda a decifrar seus clientes para fazer apresentações coerentes com a personalidade deles.

2. **Tudo que tiver o nome ou logotipo** da sua empresa servirá para que os clientes potenciais façam uma avaliação dela. Um simples cartão de visita ou um folheto mal apresentado poderá ser motivo suficiente para fechar as portas. A concorrência é abundante e o tempo dos clientes, escasso. Portanto, tudo serve de motivo para eliminação.

3. **Imagens são sempre mais convincentes do que palavras.** Em situações que impossibilitem levar o produto ao cliente, leve o cliente ao produto. Se isso também for impossível, providencie fotografias ou, de preferência, filmes de boa qualidade que mostrem o produto sendo utilizado.

4. **Sempre que possível e o seu produto ou serviço** se prestar para tal, providencie para que o cliente interessado possa experimentá-lo gratuitamente. Se o resultado for o esperado, não serão necessários muitos argumentos para convencer o cliente de que o problema está resolvido.

Elaborando seu processo de vendas

5. **Aparência e imagem influenciam na decisão de compra.** Folhetos e catálogos são excelentes meios de apresentação de produtos. Mas, se quiser ser ainda mais agressivo, invista em aplicativos que possibilitem narrações, orientações, vídeos e imagens reais de boa qualidade.

6. O *não* faz parte da vida do vendedor tanto quanto o *sim*. Portanto, não desanime! Como resultados são medidos estatisticamente, a cada venda perdida você estará mais perto de um fechamento.

7. **Se acha que depois de ouvir um "não" nada mais é possível, está enganado!** O não nem sempre é o fim de uma negociação. Tente saber o motivo da rejeição e dê um passo atrás, reforçando os valores do produto ou serviço em face às necessidades declaradas pelo cliente.

8. **Normalmente as pessoas fazem objeções** por quatro motivos: *desconfiança* de você; *desconhecimento* do que você está oferecendo; *desvantagem* sua em relação à concorrência (preço, por exemplo); ou *desnecessidade*, por não precisar do seu produto. Cada uma delas exige uma estratégia de solução diferente.

9. **Mesmo quando errado, o cliente tem sempre razão!** Diante de um cliente nervoso, conte até dez e contenha o seu ego. Convide-o para um lugar mais tranquilo, onde ele possa se manifestar à vontade sem que outros clientes se envolvam. Ouça e veja como poderá ajudá-lo.

10. **Ouça atentamente o que o cliente tem a dizer.** Resuma a reclamação com uma pergunta: "O senhor está me dizendo que..." Empatize mostrando que você entende o nervosismo dele e quer ajudá-lo. Atenção! Empatizar não é concordar! Nunca diga "Concordo com a senhora!". Diga, por exemplo: "Eu posso entender como a senhora se sente e estou aqui para ajudar!"

Padrão de GESTÃO do PIT BULL

CAPÍTULO 16
Posicionamento

Uma pergunta que me fazem com uma frequência enorme é: como faço para minha equipe vender mais?

Olha que interessante. Quanto vale isso? Um erro comum e gravíssimo que as pessoas cometem é achar que melhorar a performance de vendas é a mesma coisa que construir uma boa estratégia de vendas. São coisas diferentes.

Para aumentar o desempenho de vendas da sua equipe, você deve ter quatro fatores em mente ao conceber o processo de vendas:

SATISFAZER OS CLIENTES

O seu processo de vendas, o seu funil de vendas, gera satisfação para os clientes?

Se a resposta for "não", trate de mudar isso aí.

AMPLIAR O MERCADO

O seu processo de vendas amplia o mercado?

O VENDEDOR TÁ ON

Você tem que pensar grande, para cima. Você não é caranguejo para andar de lado. O sucesso está à frente. Por isso, o mercado nunca pode ser uma barreira, e sim uma estrada contínua.

GARANTIR RENTABILIDADE NO PROCESSO

Do que adianta vender por R$10 algo que lhe custa R$11 e cujo custo operacional é R$7?

Seu processo de venda precisa gerar *lucratividade*. "Ah, Luppa, mas isso é óbvio." Não, não é. Arrisco dizer que isso não está escrito no seu processo de vendas.

FOMENTAR A AUTORREALIZAÇÃO DA EQUIPE

Se a equipe não se sente realizada, não funciona.

Para encarar os muitos desafios do mercado e das vendas, a equipe precisa se sentir realizada ao bater as metas. Se não tem recompensa, de que valem o sacrifício e a dedicação?

Já vimos estratégia, venda, negociação e processo de venda. Agora vou lhe fazer uma pergunta: qual é a estratégia básica de uma força de vendas?

Aposto que você pensou consigo: "Competir para ser o melhor." Mas essa não é a resposta. A resposta certa é *competir para ser único*.

O seu funil de vendas precisa gerar valor, de maneira que, no final, o cliente o reconheça como *único*. Isso só é possível quando você *segmenta o mercado*, individualiza e trata de maneira *exclusiva*.

Posicionamento

PILARES DE UMA BOA ESTRATÉGIA DE VENDAS

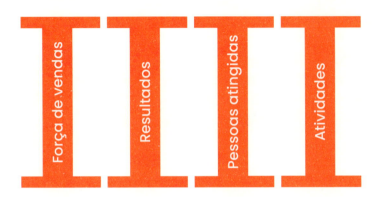

Quando falamos de força de vendas, você tem que avaliar a *remuneração*, a *produtividade* e o *treinamento*. Pense e aja em função desses fatores determinantes.

Quando falamos de resultados, estamos falando das *metas* estabelecidas para a equipe, dos *lucros* esperados e do mercado que você objetiva atingir por meio de *ampliação* e *segmentação*.

Quando falamos de pessoas, estamos falando da maneira como você lida com os clientes, como se relaciona com eles, por intermédio de quais *canais de distribuição*.

Quando falamos de atividade, você tem que se preocupar com o *conhecimento* da sua equipe, com as *competências*, as *habilidades* e os *valores* que ela traz consigo.

Às vezes, nem o cliente nem você sabem de fato o que você vende. Como montar uma estratégia sem saber o que está por trás do produto? Quer ver um exemplo: o que leva um consumidor a entrar na loja da Kopenhagen e gastar R$150 em uma caixinha de chocolate minúscula? Quem você acha que é o maior concorrente da Kopenhagen?

O VENDEDOR TÁ ON

Aposto que você pensou aí no *nível tático*. Algumas marcas como Cacau Show, Garoto e Lacta vieram à sua mente, não? Pena que está errado. Não é nada disso. A Kopenhagen não vende chocolate, ela vende *presente* e *sedução*. Quem vai à Kopenhagen não está preocupado com chocolate, mas em fazer com que alguém se sinta *especial*. Isso é sedução. Olha o que está por trás do produto! Assim, quem é o concorrente da Kopenhagen? É a Cacau Show? Não, o concorrente da Kopenhagen é uma floricultura, é um motel, é uma loja de lingerie... São esses caras que oferecem presente e sedução.

Agora imagina uma Harley-Davidson. Você acha que o cara que compra uma Harley-Davidson está preocupado em comprar uma moto? É claro que não! O que a Harley-Davidson vende? Estilo, juventude, forma de vida, experiência exclusiva. É isso que o cliente compra! Então me responda: o que é que está por trás do seu produto? Que valor genuíno ele agrega para o cliente? Isso se chama *posicionamento estratégico*. Você pode se posicionar no preço ou na qualidade do serviço.

Lembra quando a empresa aérea TAM começou? Como ela convenceu um monte de gente de que o serviço era excelente? Simples: estendendo um tapete vermelho na escada do avião. Literalmente! Pronto. Além disso, antes do voo, o comandante Rolim ficava no check-in, atendendo os passageiros. Isso é excelência no serviço.

Você pode se posicionar por conveniência ou por valor agregado, mas precisa ter um posicionamento. Se o cliente não entende o que está por trás do seu produto, você vai ter que ficar explicando, e explicar o valor é muito difícil. Ele precisa estar *escancarado*.

Por isso se fala muito a respeito da *cadeia de criação de valor*. Como é que se *gera valor*? Valor só serve quando traz resultado e lucro. Assim, você só gera valor quando se relaciona bem com o cliente, gera satisfação, crescimento, tem ética, talento e recursos.

Posicionamento

Outro detalhe importante: o foco não é *o* cliente, o foco é *do* cliente. Não cometa este erro: "Aqui a gente foca o cliente..." Isso não existe. Você precisa estar com o foco *do* cliente. Para onde ele está olhando? Para a direita? Então é para lá que você precisa ir. Senão, você fará um esforço tremendo para levá-lo para a esquerda.

Tudo pode ser mais barato, mas, se algo tem valor, tem preço. Se o valor está claro, o cliente vai pagar. Simples.

Lembra que eu falei que a estratégia de venda é a criação de um valor único? Esse é um conceito criado pelo famoso pai da administração, Peter Drucker. Vamos a mais um exemplo: imagine que você queira comer um Big Mac. Você pode estar hospedado no maior hotel cinco estrelas do mundo, pode ir ao melhor restaurante do mundo segundo o *Guia Michelin*, mas Big Mac você só encontra no McDonald's. Isso é valor único.

Onde está o valor? No produto. Agora, lembra o que eu falei do celular? Onde está o valor de um iPhone? No *valor agregado*, que vem com o produto. Isso é criação de valor único.

E o que é *valor*? É o que você obtém quando subtrai o custo pago. Valor tem a ver com emoção, benefício, percepção. Se o seu produto não tem nada disso, não funciona. O que você acha que leva alguém a pagar caríssimo por um Rolex? Concorda comigo que o cara que faz isso espera um pouco mais do que apenas saber as horas? Isso acontece porque existem outros valores subjacentes que são do interesse do cliente.

É muito importante saber *quantificar* o valor e o benefício. Se você não souber quantificar as vantagens do seu produto, não reclame quando o cliente for procurar o concorrente. A única forma de lutar contra o preço baixo é ser muito claro, óbvio, evidente. É escancarar o valor do benefício que o seu produto oferece.

O VENDEDOR TÁ ON

Eu estou com um relógio no meu pulso. Imagine alguém querer vender um relógio para mim agora. Onde vou usá-lo? No outro pulso? Pode ser o relógio mais barato do mundo, mas, para mim, nesse momento, não tem valor, porque eu já tenho o suficiente, que é um relógio. Isso é muito importante, principalmente se as suas equipes de vendas não souberem vender o valor daquilo que têm que vender. Você vai viver na fossa da negociação do preço baixo. Não caia nessa. Mantenha o foco da equipe de vendas no *valor*, no *benefício* daquilo que você está vendendo.

É aqui que entra o papel de um cara que considero simplesmente indispensável: o *líder de vendas*. Falamos de posicionamento com a perspectiva de alguém que quer subir, que olha para cima. Agora, como você se posiciona quando está no caminho para chegar lá?

Uma alternativa é se posicionar fazendo diferente. E, para fazer diferente, você tem que ser *específico*.

Você vai a uma loja de surf, tem várias pranchas: a do seu tamanho, uma que é para o seu peso, profissionais, semiprofissionais, com design personalizado... Essa loja se posiciona fazendo coisas diferentes, *exclusivas*.

Você também pode se posicionar por ter uma *vantagem competitiva*, mas ela tem que ser de verdade, absoluta. Imagine, por exemplo, que você tenha uma gráfica. Uma das máquinas da sua loja tem quatro vezes mais eficácia operacional do que a média, ou seja, você produz quatro vezes mais. Uma gráfica com essa capacidade de produção é diferente de uma gráfica convencional.

AS VANTAGENS COMPETITIVAS SÃO CLARAS: você entrega material melhor e mais rápido do que a concorrência.

Posicionamento

Você pode se posicionar por *conveniência* — nem precisa ter uma grande empresa para isso. Veja o exemplo dos postos de gasolina, cujas lojas viraram centro de entretenimento, pontos de encontro. Muitas pessoas param no posto para ter a conveniência de comprar alguma coisa, já que estão ali para abastecer. É uma boa oportunidade para levar um chocolate, um picolé, uma pilha, de repente... Essa variedade de opções define um posicionamento pela necessidade.

Você pode se posicionar para brigar no mercado de igual para igual, coisa de Pit Bull mesmo: um mordendo o outro, chegando ao preço... Ou pode ter um posicionamento baseado em uma projeção do sucesso. Só existem três opções: você é bom, barato ou rápido. Não dá para ser os três. Você pode ser bom e barato, barato e rápido ou bom e rápido. Escolha.

Se a sua empresa for pequena, você pode ser mais rápido do que o gigante, que demora mais para agir. Se estiver começando, pode ter uma margem mais espremida e ser mais competitivo no preço ou então se dedicar mais e aumentar a cauda de serviço para o cliente, sendo melhor do que o concorrente.

Posicionamento tem a ver com inteligência. Tem um cara que é um exemplo de posicionamento extraordinário: o Gijo da linguiça, que fica em São Paulo. Esse cara é matador, ninguém o segura. Tudo que ele produz, ele vende. Tudo!

Sabe por quê? Porque ele faz *handmade*, *artesanalmente*, ele se posiciona de maneira forte e convicta, *personalizando* o produto. Experimenta chegar à loja dele às 11h30... Você não compra nem uma, porque já acabou tudo. O cara é forte.

Aí você começa a entender com mais clareza o movimento do grande varejo. Lembro-me de quando chegaram as grandes marcas, da França e dos Estados Unidos, como Carrefour e Walmart, e começaram a destruir todo pequeno comércio que existia em volta. Mas o que tem acontecido hoje em dia? Justamente o contrário. As pessoas

O VENDEDOR TÁ ON

sentem falta daquele mercadinho de bairro, que quando você entra o atendente lhe chama pelo nome. Ele sabe o que você quer e compete com as grandes marcas *customizando* o serviço.

Dá para fazer, basta ter técnica. Pega a visão!

CAPÍTULO 17
Liderança

No Capítulo 16, comentei a respeito da importância de um bom líder de vendas. Aqui, vamos entender com mais propriedade as características de um bom líder de vendas.

O bom líder não é o cara que cobra, é o cara que *inspira* e que tem *visão ampla*. Ele precisa entender o funcionamento da empresa sob o ponto de vista da receita, de trazer o dinheiro para dentro de casa. Esse é o cara que tem que liderar a força de vendas. E esse cara tem um foco, que é baseado em quatro pilares: *orientar, motivar, monitorar* e *cobrar*.

Um erro muito comum que vejo por aí (e você, que está lendo este livro, não pode cometer essa gafe) é *inverter a ordem do processo*. O cara gosta muito de cobrar, mas faz isso sem estabelecer os três primeiros pilares antes. Na ânsia do resultado, as pessoas começam de trás para frente, aí não tem como dar certo, né?

A essência de um bom líder é se adaptar rapidamente às mudanças, ter noção absoluta das prioridades da empresa e uma visão ampla de tudo que o cerca. Um bom líder é aquele cara que conquista a confiança das pessoas, que é proativo e persistente. Mas como esse cara se torna um líder de vendas? Basta ser bom vendedor? Não, não tem nada a ver. Ser um bom jogador de futebol não significa ser um bom técnico de futebol. O Pelé mesmo nunca treinou equipe ne-

O VENDEDOR TÁ ON

nhuma. Não é assim que funciona. São competências absolutamente distintas. Ser um bom vendedor não necessariamente fará de você um bom gerente ou um bom líder de vendas.

Um bom líder de vendas é um cara que tem capacidade de *gerir* e *liderar*, e, fundamentalmente, sabe lidar com as pessoas que não alcançam os resultados. Ao montar e gerir uma equipe de vendas, o foco do líder deve ser, antes de qualquer outra coisa, *recrutamento* e *seleção*. Contratou mal, perdeu dinheiro.

Logo em seguida, o foco deve ser voltado ao *treinamento*. Não treinar certamente sai muito caro, não tenha dúvida disso. Então, vem a *remuneração* e o *incentivo*. Se não souber remunerar e incentivar, você perde quem treinou.

Por último, temos a supervisão, a gestão da equipe. Plano, ação, meta, resultado! Se não tiver isso bem estruturado, vai ser difícil arrumar um bom líder de vendas.

E como saber se o gestor de vendas está no caminho certo? Vamos ao que interessa.

QUANDO ELE ESTÁ FOCADO NO RESULTADO

Pragmatismo. Quem sabe faz ao vivo!

Não adianta dar volta no problema, tem que pegar e resolver. Simples.

QUANDO ELE CONSEGUE EXPLICAR O QUE ESTÁ ACONTECENDO

Até porque, se ele não sabe o que está dando errado, não é líder.

Liderança

Para resolver o problema, é necessário diagnosticá-lo, entender de onde vem e o motivo.

QUANDO ELE É CAPAZ DE GERIR MUDANÇAS E PESSOAS

Adaptação é fundamental. Se adaptar a uma circunstância desafiadora e gerir pessoas requer gostar de gente. Se você não gosta, vai ter muita dificuldade em gerenciar equipes.

QUANDO ELE É BOM COM OS NÚMEROS

Não precisa ser nenhum Einstein da matemática, não. O cara tem que saber interpretar o que os números estão dizendo, porque eles não mentem. O líder precisa entender e atuar no *orçamento*. Ele precisa saber quanto vai gastar, como vai gastar e por que vai gastar. Orçamento precisa de *controle*, de *supervisão* do que está sendo gasto e investido.

Um bom líder de vendas é o que vai lhe dizer: "Olha, essa verba que você liberou não está funcionando, por causa disso e daquilo"; "Essa verba que você colocou aqui não está virando conversão". Esse cara o ajuda a pensar, porque o foco dele está na qualidade da entrega, na atuação do modelo do funil, no alto desenvolvimento dele e no desenvolvimento pleno da equipe, na liderança do time, na criatividade, na inovação. Esse cara se comunica bem, sabe falar, tem influência sobre as pessoas, negocia bem, é flexível, tem habilidade interpessoal, soluciona os problemas, toma decisões, planeja, organiza, sabe escrever...

Saber escrever? É, a questão é saber escrever. Tem e-mail que vende e tem e-mail que gera dor de cabeça. O mesmo acontece no WhatsApp: quando o cara não sabe escrever, gera um problema monstruoso. O que você fala para a sua equipe às 7h da manhã pode motivar ou acabar com o time.

Sabe aquela história de "todo mundo remando no mesmo barco"? Trabalho em equipe é isso. Um é um número tão pequeno que até para ser corno você precisa de duas pessoas! Você não vai alcançar a grandeza fazendo nada sozinho, você precisa de time, de equipe.

Valorize sua equipe. O objetivo é muito mais importante do que a função. As pessoas, às vezes, estão preocupadas com o lugar onde estão quando deveriam estar preocupadas com onde querem ir. Aquela atenção no carro, no status, não funciona; isso o leva para a lama. Como é que você faz para motivar seu time de vendas a bater a meta todos os meses? Tem gente que acha que é só chegar a alguma loja, comprar dez TVs e fazer um sorteio. Nada disso.

Você motiva a força de vendas com sete fatores cruciais: remuneração adequada, liderança eficaz, bom ambiente de trabalho, treinamento, reconhecimento, processo organizado e desafio.

Quanto à *remuneração*, a lógica é bem simples: você espera que o cara esteja focado no que precisa fazer sem remunerá-lo da maneira devida? Difícil.

No que se refere à *liderança eficaz*, as pessoas não abandonam a empresa; elas abandonam os *líderes*. Uma liderança eficaz motiva e inspira muito.

O *ambiente de trabalho* precisa ser motivacional e agradável. Ninguém gosta de trabalhar no meio do caos.

Treinamento é um pilar essencial. O cara precisa ver que você está dando-lhe conteúdo, que está tornando-o uma pessoa melhor e mais capacitada. Isso é algo que transcende a empresa, porque ele vai carregar para o resto da vida, é o patrimônio dele.

Liderança

Reconhecimento. Chame o vendedor pelo nome, bata nas costas dele e diga que foi um grande mês (se tiver sido mesmo, é claro). Isso para um cara está na luta diária conta muito, faz toda a diferença.

Você precisa de um *processo organizado*. Se a logística não entrega, a tecnologia não funciona e o produto não chega quando e como deveria, o vendedor fica arrasado, porque não consegue gerar valor para o cliente e o perde. Assim, a coisa não funciona.

E, por último, o que mais motiva um vendedor campeão, um cara que entrega resultado, são os *desafios*. São novas responsabilidades. Quanto mais desafios você coloca para ele, melhor.

CAPÍTULO 18
Remuneração

Se você não sabe como remunerar, vai perder seus vendedores.

Existem três sistemas básicos de remuneração:

- *Fixo*
- *Comissionado*
- *Misto*

O fixo é baseado em um salário e na tal ajuda de custo. Que nome ruim, aliás. Quem precisa de ajuda é quem está com o prédio pegando fogo! Aí, chama o bombeiro, né?

O sistema 100% comissionado é aquele em que o vendedor trabalha na raça, o cara que realmente se garante.

E existe também a remuneração mista. Vou apresentar as vantagens e desvantagens de cada um. Agora, coloque-se de ambos os lados: você pode ser o gestor ou o vendedor. Você pode ser o empregador ou o empregado. Vamos ao que interessa.

O VENDEDOR TÁ ON

REMUNERAÇÃO FIXA

VANTAGENS	DESVANTAGENS
Renda regular	Concentração no que vende fácil
Lealdade	Não existe incentivo à performance
Fácil administrar	Acomodação
Custos controláveis	Favorece os piores

No quesito renda, a vantagem é que ela é *regular*. A desvantagem é que o vendedor se concentra só no que vende fácil, afinal, ele depende disso para viver. Quanto ao desempenho, existe muita lealdade do profissional. A desvantagem é que não existe incentivo nenhum para melhorar a performance, o que ele fizer está bom. Se não motiva o desempenho, qualquer entrega é suficiente. Outra vantagem é ter uma administração muito mais fácil, porque fixo é fixo. A desvantagem, nesse quesito, é que isso leva à acomodação. O custo é muito controlado, mas isso favorece os piores.

A remuneração fixa, por si só, não é recomendada quase nunca, ainda mais em tempos em que as pessoas buscam promoção, buscam ganhar mais. E como você consegue uma promoção? Fazendo muita entrega. Quando você faz muita entrega? Quando tem *índices de performance* muito claros, KPIs claros, métricas claras. Essas variáveis possibilitam que você nunca mais discuta salário ou remuneração com ninguém. Fez, fez. Não fez, não fez.

Eu, por exemplo, quando contrato alguém, a primeira coisa que faço é perguntar de quanto o cara precisa para viver. Digamos que a resposta seja R$4 mil. Se no meu negócio, na pior das hipóteses, o cara não consegue ganhar algo próximo de R$4 mil, eu simplesmente não o contrato. Esse cara vai passar a noite em claro preocupado com as contas. Tem gente que acha que isso incentiva o cara a vender. Muito pelo contrário, isso só desvirtua o foco dele.

Remuneração

REMUNERAÇÃO COMISSIONADA

VANTAGENS	DESVANTAGENS
Custos de acordo com o volume de $	Mais ênfase ao volume do que lucro
Fácil de medir	Baixa lealdade
Maior incentivo	Pré-venda da próxima venda baixa
Autogestão do vendedor	Administração complicada

Na remuneração comissionada, o custo acompanha o volume de lucro, porém o vendedor tende a dar muito mais ênfase ao volume. O cara quer vender muito pensando na comissão dele, mas tende a ignorar a *qualidade* da venda. Outra vantagem da remuneração comissionada é ser muito mais fácil de medir, porém, quando o assunto é equipe, a lealdade costuma ser baixa. O incentivo, para o vendedor, é muito grande, por outro lado, a pré-venda da próxima venda é baixa (lembre-se de que não existe pós-venda, como expliquei no Capítulo 14), porque o cara não tem interesse em seguir o cliente, mas em conquistar novas vendas. Outra grande vantagem é que o vendedor, o profissional de vendas, é obrigado a fazer uma *autogestão*, porque a renda dele depende do desempenho que alcançar, nada daquele papo de "o que vier veio". A desvantagem é que a administração territorial disso é muito complicada.

Por esses motivos, acredito que o ideal é, na grande maioria das vezes, o híbrido, o equilibrado, a remuneração mista.

O VENDEDOR TÁ ON

REMUNERAÇÃO MISTA

VANTAGENS	DESVANTAGENS
Maior controle e flexibilidade	Mais complexo
Maior segurança da equipe	Vão embora quando fica difícil
Mais possibilidade de premiar	Difícil administrar
Mais fácil montar	Curto e longo prazos se misturam

A remuneração mista possibilita maior flexibilidade e controle, mas também é mais complexa de administrar. Outra vantagem é que a equipe se sente muito mais segura, enquanto a desvantagem, nesse quesito, é que o percentual é muito alto em relação ao fixo. Quando esse percentual é muito alto, as pessoas tendem a ir embora, porque quem gosta de percentual alto tem que estar na ativa o tempo todo, não pode ser acomodado. Outra grande vantagem desse sistema é que há muito mais possibilidades de criar incentivos e premiações, enquanto a desvantagem é, mais uma vez, a complexidade para administrar. Mas aí também quem não quer ter trabalho fica em casa dormindo, né?

Por último, é muito mais fácil manter uma equipe motivada, com o desempenho lá em cima, quando você oferece uma remuneração fixa, que paga as contas do vendedor e lhe dá a oportunidade para ganhar dinheiro de verdade com a remuneração comissionada, ou seja, uma remuneração mista. A desvantagem é que, no longo prazo, essas coisas tendem a se misturar um pouco.

Sempre que você, como vendedor, ficar naquela dúvida quanto aos motivos que o impedem de ser promovido, analise o seu sistema de remuneração. Se o dinheiro depende do seu conhecimento, da sua dedicação e inspiração, ele está *nas suas mãos*. A oportunidade está na sua frente, só depende de você.

Agora, se você, como chefe, percebeu que o seu sistema de remuneração está errado, você precisa arrumá-lo. Lembre-se de que pedir aumento e falar de promoção são consequências de uma remuneração bem estruturada.

CAPÍTULO 19
Treinamento e avaliação

Você já viu como administrar a força de vendas, como orientar um líder de vendas e como ser um líder de vendas eficaz. Agora, isso tudo só funciona quando sua equipe está na ponta dos cascos, e você só consegue isso com treinamento e avaliação.

Imagina um time de basquete que entra na quadra e não aguenta correr cinco minutos. Você pode ter o Michael Jordan no ataque, pode ter o jogador que quiser, mas não vai ganhar o jogo de jeito nenhum.

As pessoas precisam ser treinadas. O competidor olímpico, por exemplo, treina quatro anos para competir trinta segundos. Treinar é muito importante, porque o treinamento ensina a fazer na prática, o treinamento ensina autodesenvolvimento, que é o desenvolvimento do seu *ser*. Ser e fazer são duas questões bastante diferentes, e ambas precisam ser aprimoradas.

Vou dar um exemplo claro de como o treinamento é barato: imagine uma empresa que fatura R$7 milhões por ano com uma equipe desqualificada e mal treinada. O que uma equipe mal treinada faz? Dá muito desconto, por exemplo. Então você imagina que essa equipe concedeu, ao longo do ano, uma média de 8% de desconto para os clientes. Amigo, 8% de R$7 milhões são R$560 mil. Você faz ideia do

O VENDEDOR TÁ ON

tamanho do programa de treinamento que você faria com metade disso? De quanto sua equipe estaria afiada?

Treinar não é caro. Colocar alguém para cuidar do seu maior patrimônio, que é o cliente, é muito perigoso, porque esse cara pode fazer um estrago ou levá-lo ao primeiro lugar do pódio. Imagina os vendedores oferecendo um pouquinho mais de desconto do que deviam. Você, pensando em preservar a empresa, acaba cedendo, acreditando no que ele está trazendo do mercado, e dá o desconto. No final do ano, quando faz as contas (e pouca gente faz), percebe que não valeu a pena.

Lembra aquela história sobre *ancoragem de preço*? Pense no seguinte: você formatou um produto para vender por R$100 e, ao final do ano, quando faz as contas, descobre que a média do preço de venda foi de R$84. Eu lhe pergunto: para onde foram esses R$16? Será que você precisava ter dado esses R$16 de desconto? Será que não podia ter dado um valor inferior?

Nesse momento, a capacidade da equipe é determinante. Não deixe o dinheiro da empresa se esvair por falta de treinamento. Quando você treina a equipe, ela se torna mais *capacitada* e *competitiva*.

Vale lembrar que treinamento é algo cíclico. Não é uma convenção de vendas, um oba-oba em que você reúne todo mundo uma vez ao ano, não. Treinamento é treinamento. Uma equipe treinada é uma equipe preparada para lidar com clientes cada vez mais *exigentes*. Se você diz para a equipe exatamente o que fazer no dia seguinte, você se antecipa às adversidades do mercado e sai na frente.

Pense que o melhor lutador é o que levou muita porrada, porque o treinamento o ensina a desviar das porradas, ensina-o a se esquivar.

Ao treinar sua força de vendas, ela foca o *sucesso*. Quando você desenvolve o programa de treinamento, evita que o seu vendedor vá para a concorrência. Esse profissional afiadíssimo produz uma relação

Treinamento e avaliação

que beneficia a ele mesmo e a sua empresa, aumentando a *lealdade* dele com você.

Outro fator importante é saber *medir* o treinamento. E como é que se mede algo intangível como um treinamento? Vamos deixar as equações sofisticadas, como o ROI (sigla em inglês que significa "return on investment", ou retorno sobre o investimento), de lado. Falemos de conceitos básicos, que você vai colocar em prática imediatamente.

Você treinou a sua equipe. Em seguida, avalie os seguintes critérios:

- As *vendas brutas* cresceram?
- O *número de clientes* cresceu?
- A *rentabilidade* cresceu?

Três aspectos básicos. Se você não conseguiu *aumentar a quantidade de vendas*, se não aumentou o *número de clientes* ou não *melhorou sua margem* depois de treinar a equipe, é porque o treinamento estava errado.

Ao treinar a equipe, você precisa *desenvolver o treinamento*. Nada daquela história de "ah, vou chamar um cara aqui para falar uma horinha para motivar...". Não é assim que funciona. Se quiser motivar a equipe, chame um cantor ou um grupo de dança.

A primeira coisa a se fazer para verificar se a equipe precisa de treinamento é *diagnosticar*. Para fazer isso de maneira simples, fique atento aos seguintes critérios:

- Sua equipe está com uma abordagem inadequada.
- Seus clientes estão insatisfeitos.
- Seus processos não têm padrão algum.

O VENDEDOR TÁ ON

- Sua imagem ou a imagem da sua marca está comprometida.
- Suas estratégias comerciais são confusas.
- Sua equipe está desqualificada, não apresenta resultados.
- Sua equipe está insatisfeita e desmotivada.

Se você reparou algum desses sinais, é hora de TREINAR SUA EQUIPE.

Existe, ainda, um conceito que chamo de *miopia de oportunidade*, que é quando o vendedor não enxerga as oportunidades vindo do cliente, que quer comprar quando ele não consegue vender. Depois de analisar esses itens, você pode perceber uma equipe desqualificada que precisa de treinamento.

O próximo passo, então, é organizar o treinamento, definir as *carências* e *lacunas* que precisam ser corrigidas. Seguem algumas dicas para um treinamento eficaz que trará benefícios:

Se possível, faça o treinamento *fora da empresa*. Garanta uma experiência marcante para o time.

Não coloque seus vendedores em uma sala das 8h às 18h, pois eles precisam respirar. Não há digestibilidade de conhecimento com um massacre de informação e conteúdo. Eles precisam de lazer, de um ou mais intervalos. Promova uma dinâmica, crie uma situação em que os vendedores vão se sentir no cotidiano deles.

Outro fator importante é certificar-se de que o instrutor seja capaz de transmitir o que você realmente precisa, que evidencie as *falhas* da equipe. As questões da concorrência são outras; as suas falhas são *particulares*, são suas, e precisam ser evidenciadas e corrigidas. Defina um formato e um conteúdo para o treinamento e, quando terminar,

Treinamento e avaliação

faça uma *avaliação* usando *mecanismos de avaliação* eficazes. Se não avaliar, não adianta nada. Você não melhora o que não controla.

Não adianta investir em propagada, publicidade, tráfego na internet e não avaliar. Mas, então, como avaliar o treinamento?

Primeiro, verifique se a equipe gostou. Se necessário, reveja o *conteúdo*, converse com os *instrutores*, cheque o *material* disponibilizado e verifique os recursos que destinou à atividade para entender os motivos de a equipe ter gostado ou não do treinamento.

Em seguida, certifique-se de que a equipe tenha aprendido. Aplique uma prova, teste, pergunte. Como é que você vai fazer um treinamento e não vai testar se o vendedor compreendeu o conteúdo e sabe aplicá-lo?

Por último, é preciso dar continuidade ao treinamento. Ou seja, verifique se os vendedores estão aplicando o que aprenderam e corrija essa aplicação, caso seja necessário. Senão, é tudo tempo perdido, dinheiro jogado fora. Você tem que medir o resultado. Se não acompanhar isso, não vai a lugar algum.

Hoje em dia, fala-se muito em treinamento, mas quase ninguém organiza nem planeja. Quase ninguém diagnostica ou avalia. Agora que você conhece esses quatro pontos, treine, porque funciona. Para ficar bem clara essa questão do treinamento, do conhecimento e do desenvolvimento, preste atenção no que vem a seguir.

Em primeiro lugar, se você acha que é suficiente ser um ex-aluno, esqueça. Não existe ex-aluno, afinal, estamos em constante aprendizado. Outro dia meu filho de dezoito anos me pediu que lhe explicasse o que é ser resiliente. Eu disse a ele que resiliência é a capacidade de resistir aos golpes, de se manter em pé. Depois fui eu que lhe perguntei sobre uma grande dificuldade que tinha no meu Instagram. Ele pegou meu iPhone e me explicou em cinco minutos. Deixa eu falar uma coisa: se você acha que conhecimento ocupa espaço, você está perdido na vida. Conhecimento amplia espaço. É muito interessante que você tenha a visão do outro, porque, quanto mais o outro se sente intelectual, menos você acha que precisa aprender. E isso não é verdade, pois a vida é um eterno aprendizado. E é fácil aprender hoje em dia, seja no celular, no computador ou na leitura, que poucos praticam. A leitura é um mar de aprendizado, conhecimento e desenvolvimento.

Quando você aprende, aprimora duas coisas dentro de você: o *ser* e o *ter*. O conhecimento lhe dá o ter, porque, por meio dele, você conquista as coisas. Além disso, ele traz um benefício extraordinário, que é *ser melhor*. Nunca conheci um bom profissional que antes não fosse uma boa pessoa.

Olhe, meu amigo, quando falamos de conhecimento, não existem os extremos, o cara que sabe tudo e o cara que não sabe nada. O cara que acha que sabe tudo está dando um passo gigantesco para cair, para parar no tempo, um passo monstruoso para ser avaliado com o pior veneno da humanidade, que, na minha opinião, é a vaidade. Ele mesmo criou um personagem para ele: o sabichão, o inteligente, o culto, que pega umas palavras sofisticadas e começa a se portar de maneira diferente. O cara que sabe tudo é o cara que amanhã não saberá nada.

E o cara que hoje acha que não sabe nada é um perigo. Porque ele só precisa fazer uma coisa: começar a aprender. Além disso, o cara que acha que não sabe nada não tem *autoconfiança*. Ele é incompleto. Não existe alguém que não sabe nada; existe alguém que ainda não conhece muita coisa, que carece de se desenvolver tecnicamente, principalmente na área em que atua.

Aí é que você vê o nível de comprometimento do seu profissional de vendas. Experimente levar um papo com ele tomando um cafezinho ou, então, naquele fim de tarde com uma cervejinha gelada, e

Treinamento e avaliação

pergunte o seguinte: "Meu caro e nobre vendedor, do que você está precisando, o que está faltando, para você vender mais?"

Se ele ficar falando só do preço, nem a cerveja dele você paga. Esquece esse cara, porque ele não tem chão, esse cara é vazio, oco. Ele está cavando a sua cova, só vai lhe pedir desconto. Agora, quando você está conversando com um verdadeiro profissional de vendas, ele pontua coisas do tipo: "A nossa logística está muito lenta. O cliente recebe uma promessa de entrega em 48 horas e, em média, está recebendo o produto em três dias." Aí você tem um dever de casa a fazer: conversar com os responsáveis pela logística e acertar o *fluxo da expedição*.

Agora, imagine que ele diga o seguinte: "Olha, eu venderia mais se o nosso front, se o nosso portal, se a nossa tecnologia fossem mais amigáveis. Se, em vez de o cliente precisar de sete cliques para comprar o produto, ele conseguisse comprar em apenas dois."

Dever de casa para você: conversar com o responsável pela tecnologia e perguntar a ele como diminuir o fluxo de compras para menos cliques. O vendedor é o cara que está na linha de frente, que o representa em frente ao cliente. É como um confessionário. O vendedor é uma fonte inesgotável de informação, e você não pode se afastar dele. Essas informações são cruciais para que você direcione melhor a sua empresa. É tudo uma questão de fazer as melhores *escolhas* e ter as melhores *decisões*.

Outro fator importante é *reconhecer o desempenho* dos profissionais. Já que seu profissional de vendas apontou com precisão o que precisa ser melhorado, mostrando que tem conhecimento, que está interagindo com o mercado e que sabe o que o cliente quer, reconheça o valor dele na frente do time. "Pessoal, o vendedor Fulano me alertou para alguns pontos importantes que a gente estava deixando passar. Segui as orientações dele e conseguimos melhorar nosso desempenho na área Tal em X%. Obrigado, vendedor Fulano." Lembre-se de que o melhor gesto de liderança é pelo exemplo. Portanto, valorize esse *feedback*.

Se você ainda estiver com dúvidas sobre como fazer feedback, dê uma olhada no Capítulo 12, que lá explico tudo.

Nunca guarde o feedback para você. A partir dele, outros profissionais vão se inspirar com o exemplo e lhe oferecer dicas preciosas para você acertar a rota. Não tem preço chegar mais rápido ao lugar certo.

CAPÍTULO 20
Gestão

Falamos da equipe de vendas e do líder de vendas. Agora, para você ficar dominante no processo, vamos falar do *gestor de vendas*.

Primeiramente, o que é gestão, na prática? Uma definição bem simples: gestão é você ter a certeza de que todos, em todos os níveis, deram continuidade a seus trabalhos até a conclusão. O maior inimigo de uma boa gestão é a *falta de continuidade*.

Você faz reunião, monta planos e projetos, mas, se não os acompanhar, as pessoas os largam, os abandonam, e você fica sem entender por que isso ou aquilo não foi concluído. E o pior é que ninguém sabe explicar.

> Gestão tem a ver com *pendência* e *tendência*, como diz meu amigo Walter Longo.

Gestão é fazer bem-feito aquilo que precisa ser feito, porém com o detalhe de dar continuidade. Você tem que ficar em cima, monitorar. Gestão é *acompanhar o processo*, verificando e orientando as etapas.

O VENDEDOR TÁ ON

Você só alcança uma boa gestão quando tem uma *direção clara*. Aponte o caminho. "Pessoal, é por aqui, é desse jeito. Essas são as premissas, os princípios, e essas daqui são as metas." Ou seja, os objetivos precisam estar claros para todos.

Outro aspecto fundamental é *tirar as pessoas da inércia*. Tem gente que só sai do lugar na base do tapa, que precisa de um empurrão para pegar no tranco. Isso significa que é preciso *selecionar* as pessoas certas para cada objetivo. O cara que é mais rápido e dinâmico, você coloca para resolver as tarefas de curto prazo. O cara que é mais pensador, para o planejamento.

Para dar continuidade, é necessário também fazer um grande start, ter uma largada maravilhosa, encantar o funcionário na largada, na grande ideia, no grande comprometimento do grupo. Se estiver comprometido com você, o vendedor não o abandona, não para.

Sempre que houver uma equipe, você precisa valorizar e potencializar muito as iniciativas individuais. Dê as diretrizes corretas, se possível apontando essas iniciativas como modelo. Guie o raciocínio, a função, a responsabilidade. Mostre à equipe o cara que fez e como ele fez, para que os demais sigam o fio da meada. Uma direção clara é metade do jogo ganho!

Por exemplo: imagine uma orientação vaga e conflitante contra uma específica. O que você acha que vai funcionar melhor? As pessoas são vacantes, contraditórias, inconsistentes. Você tem que trabalhar baseado nesse padrão, que é o comum.

Outro detalhe importante: o tempo é escasso. Você precisa destinar um tempo para pensar. Nas minhas empresas, sexta-feira é o dia em que fico em casa no meu home office e analiso dados, verifico relatórios, faço videoconferências, enfim, passo o dia pensando e planejando. Se você fica o tempo inteiro tracionando, chega uma hora que você deixa de enxergar o todo, perde a direção e a clareza do caminho a seguir.

Gestão

Os processos, que são baseados em expectativa e avaliação, são falhos. Se você não tem um objetivo claro, não adianta. Quer ver um exemplo: imagina um líder ou gestor mandar um e-mail para a equipe dizendo o seguinte: "Nossos problemas de faturamento persistem. Continuem trabalhando bravamente para vender mais."

Explica para mim: que diabos significa isso? É vago e conflitante.

Cada objetivo precisa de uma *definição*, precisa ser *mensurado*, precisa ter um *cronograma*, precisa ter uma *orientação* do líder. Não decida ter um filho se você não pretende dar um pai a ele.

E aí entra um conceito básico de objetivo saudável: toda vez que você propor um objetivo, certifique-se de que ele seja *específico, mensurável, explicável, realista* e que tenha um *cronograma*, porque o que não tem prazo para acontecer provavelmente não acontecerá. É o conceito do *objetivo SMART* (Specific, Measurable, Achievable, Relevant e Time bound), ou em português: específico, mensurável, explicável, realista e com tempo.

Existe uma realidade no mundo da gestão, meu amigo, que é o seguinte: quanto mais as pessoas são monitoradas, mais elas crescem. Então, se você tiver um gestor ou líder de vendas — ou se você for esse gestor —, seus objetivos devem ser claros, específicos e absolutamente mensuráveis.

Em vez de dizer: "Pessoal, o faturamento não está legal, continuem trabalhando." Fale o seguinte: "Pessoal, o faturamento era 100, nós só vendemos 75 e falta uma semana para terminar o prazo. Isso significa que precisamos vender 5 por dia. Vou monitorar vocês e vamos vender desse jeito."

Mudou tudo. Aí, sim, VOCÊ TEM CHANCE.

CAPÍTULO 21
Resultados

Olha que tema interessante, não é? Como *aumentar suas vendas* e *mantê-las no topo*. Existem quatro ferramentas poderosas — eu as chamo de quadrado mágico — que fazem você turbinar seus resultados.

A maioria das pessoas desconhece essas quatro ferramentas e, dos poucos que sabem, muitos não sabem colocá-las em prática, porque não têm conhecimento suficiente. Mas você, que está lendo este livro, vai fazer diferente. Vamos a elas.

AUMENTANDO SEU MERCADO

Você pode aumentar seu mercado de maneira *geográfica*, vendendo para outras regiões em que ainda não atua. Por exemplo: você vende para a região Sudeste e passa a vender também para a região Sul.

Existem também a questão *demográfica*, relativa às pessoas. Se você tem um produto destinado ao público masculino, pode lançar um produto para o público feminino.

Outra alternativa é aumentar suas vendas com base no comportamento das *curvas de consumo* A, B e C.

O VENDEDOR TÁ ON

Você pode aumentar seu mercado em relação ao *perfil do público*. Por exemplo, você vende para o varejo e passa a vender também para o atacado.

Determinado público está em tal ponto; o público B está aqui; o C consome menos... O que fazer, então? Produtos *específicos*.

Não adianta oferecer um produto de R$200 para um cara que só tem R$50. Você aumenta seu mercado desta forma: entrando no estado psicológico dos clientes, propondo uma amplitude, uma gama de produtos maior.

AUMENTANDO SUA PARTICIPAÇÃO DE MERCADO

Vamos falar da pizza no Capítulo 22, mas como é que você aumenta sua quantidade de fatias? Em primeiro lugar, foque o cliente da concorrência. Isso mesmo, a vida é uma guerra. Quantas vezes você parou para pensar em quem são os cem maiores clientes do concorrente? Ou os cinquenta maiores? Vá para cima deles!

Conquistar uma fatia desse cara, além de enfraquecê-lo, aumenta a *sua* participação. Ou, como os especialistas de plantão gostam de dizer, o seu *sharing*.

Como eu aumento minha parte de mercado? Simples: *potencializando meus clientes*. O que isso quer dizer? Eu vendo 100 para o João e passo a vender para ele 120 apresentando uma proposta diferente, uma linha de produtos diferente, um prazo maior ou um preço melhor, mas apenas se ele aumentar o volume de compra. Isto é, vender mais para quem você já vende.

E, por último, você vai vender para quem nunca vendeu, ou seja, vai *oxigenar as carteiras*, vai *prospectar mais clientes*. Você não pode ter um time de atendimento, você tem que ter um time de *vendas*. O atendimento funciona na base do *status quo*, na base do que você

Resultados

tem no momento, enquanto vendas operam a partir do que você tem, mas sempre visando construir o futuro da empresa. Isso você só consegue com cliente novo.

AUMENTADO SUA FREQUÊNCIA DE COMPRA

Outra forma de aumentar suas vendas é *aumentar a frequência de compra*. O que isso significa? Ser mais agressivo. Por que você acha que as lojas trocam os itens da vitrine toda semana?

Por que você acha que existe promoção de vendas? Olha só, a propaganda serve para comunicar alguma coisa que já existe, enquanto a promoção de vendas serve para fazer com que o cliente pegue o que existe e leve para a casa dele.

Como você aumenta a frequência de compra? Estimulando o *ponto de venda*, seja online ou presencial. Assim, o cara que compra uma vez por semana vai passar a comprar duas.

AUMENTANDO O VALOR MÉDIO DE COMPRA

O quarto e último ponto é aumentar o valor médio de compra. Hoje em dia são muito comuns termos como *upselling* e *cross-selling*, por exemplo.

Lembra-se do exemplo em que você é vendedor de uma loja e um cliente aparece querendo uma gravata? Apresentei esse exemplo no Capítulo 15. Cross-selling é vender a camisa junto. O cara foi comprar um sapato e você vende a meia também.

Tem um outro exemplo muito interessante para você que é do varejo: o cara chega à sua loja e diz o seguinte: "Oi, eu quero comprar um sapato." Sabe o que você tem que fazer? Primeiro, atendê-lo. Em seguida, perguntar: "Amigo, você veio aqui comprar um sapato.

123

O VENDEDOR TÁ ON

Permite que eu te venda alguma outra coisa?" Aí você constrói um cenário completamente diferente para vender mais volume e mais caro, isto é, para implementar o cross-selling na prática.

O objetivo dessa técnica é fazer o cliente *comprar mais*, é aumentar o seu *ticket*.

Sabe quem é que dá um verdadeiro show nisso? Uma lanchonete norte-americana que você conhece muito bem, que tem aquele logo amarelo e vermelho cujo atendente, ao final do seu pedido, pergunta: "O senhor gostaria de levar a batata frita por mais R$2?" A lanchonete está aumentando o ticket médio dela.

Toda vez que você tem uma oferta sobre um produto primário, significa que está aumentado sua oferta. E como você aumenta suas vendas? Ampliando seu *mercado*, aumentando a frequência de compra, aumentando o valor médio e a sua participação de mercado.

Isso é crucial. Se praticar essas quatro técnicas do jeito que expliquei, usando como base os exemplos que ofereci, verá suas vendas crescerem *imediatamente*. Essas técnicas são utilizadas no mundo inteiro.

Assim, quando falo de *merchandising*, estou me referindo, por exemplo, ao cara que monta um *planograma*, que estrutura a gôndola de uma maneira que a mercadoria fique mais exposta, provocando você a comprar. Quando falo de *promoção de vendas*, não estou sugerindo desconto, não. Promoção de vendas é o seguinte: "Leve 3, pague 2", "Compre o shampoo e ganhe a escova".

Promoção de vendas é venda casada. Acontece, por exemplo, quando você tem um cara competente no varejo que coloca o álcool, o avental e o espeto do churrasco do lado do carvão, e coloca esse setor perto do açougue. Isso é inteligência de vendas. Promoção de vendas é fundamentalmente isso.

O passo a passo está aqui, agora é pegar e fazer.

124

CAPÍTULO 22
Metas

Vamos recordar, porque recordar é viver: não é porque o cara é bom vendedor que vai ser bom gerente.

Lembra que citei o exemplo do futebol no Capítulo 17, de o jogador não necessariamente ser um bom treinador? Então vamos repassar aqui: qual é o papel do gerente de vendas? Qual é a missão dele, gerenciar ou vender? A missão do gerente de vendas é *gerir*, é abrir caminho.

Quantas vezes você já fez uma boa reunião de vendas? "Ah, eu faço reunião de vendas toda semana." Agora deixe eu lhe perguntar outra coisa: você faz reunião de vendas ou reunião de problemas? Pronto, pare tudo. Sente-se, respire e reflita a respeito.

Invariavelmente, o que você faz é reunião de problemas, problemas e mais problemas para camuflar o baixo nível de conhecimento da equipe. É muito importante que você saiba como fazer uma reunião de vendas eficaz. Aqui vai um passo a passo.

O que você precisa pautar em uma REUNIÃO DE VENDAS?

O VENDEDOR TÁ ON

A PRODUTIVIDADE DO TIME

É importante monitorar quem visita, quantas visitas faz, se está convertendo os contatos e se domina o mix de produtos. Se você tem cem produtos, porque o cara está vendendo só trinta? Se tem cinco, porque ele só vende um? Será que ele vende ou será que estão comprando dele? São coisas diferentes.

A ABORDAGEM QUE SEUS VENDEDORES ESTÃO USANDO COM O CLIENTE

Vendedor bom tem que ter uma abordagem matadora, como um verdadeiro Vendedor Pit Bull. Vendedor poodle não vende nada, só serve para dar despesa.

AS OFERTAS QUE O TIME PROPÕE

Em toda reunião de vendas, você deve propor novas ofertas, oxigenando o mercado.

Outro fator importante é monitorar as principais atividades de cada vendedor. Verifique quem são os dez principais clientes e se eles aumentaram ou diminuíram a quantidade de compras na semana. Não espere o mês acabar.

Agora, vamos falar sobre cliente e potencialidade. Se o cara pode comprar quinhentos, por que está comprando só cem? É por que o vendedor não está sendo agressivo? É por que você não tem produto para entregar? O produto do seu concorrente é melhor? O cliente só compra com você quando o concorrente não tem para entregar?

Metas

Outro fator interessante é entender o *momento* de cada vendedor, se o momento em que ele se encontra é mais familiar, pessoal ou distante. Isso tudo interfere na capacidade dele de *negociar*.

Toda reunião de vendas eficaz precisa de um bom desafio. No dia a dia, você deve interagir com todo mundo e recapitular essas interações na reunião de vendas, mesmo que seja online.

Quanto ao ritmo da reunião, é importante que você varie. Um exemplo ótimo é fazer uma reunião em um sábado e terminar com um churrasco. Traga o time para perto de você!

A base de tudo é estar sempre *gerindo* e *gerando*. Gerindo *pessoas* e gerando *resultados*.

Em toda reunião de vendas, reserve um momento para investir em conhecimento. Sempre tenha em mãos a meta, o estágio em que ela está. Existem dois tipos clássicos de gestão de vendas, um criado por Neil Rackham, o autor de *Reinventando a Gestão de Vendas*, e outro criado por mim. Uma gestão de vendas é voltada ao mercado, enquanto a outra é voltada às pessoas.

O modelo do Neil Rackham se chama *Spin Selling*. Ele trata de *situações*, *problemas*, *implicações* e *necessidades*, completamente voltado ao mercado.

Por outro lado, o modelo que eu criei é voltado às pessoas. Não acho que meu modelo seja melhor ou pior, porém acredito que seja mais prático para o modelo brasileiro, porque vender nos EUA não tem nada a ver com vender no Brasil (nos EUA se vende muito para poucos, enquanto no Brasil se vende pouco para muitos). Aqui, é necessária uma forte visão da gestão de pessoas, por isso, criei o modelo OMMC: *orientar*, *motivar*, *monitorar* e *cobrar*.

O que adianta você conhecer o modelo de gestão se não consegue entregar resultado? Para entregar resultado, você precisa persegui-lo.

O VENDEDOR TÁ ON

E, para perseguir o resultado, precisa *definir metas de vendas* para a equipe. Agora vamos ver como fazer isso.

Para definir metas baseadas no preço, você precisa estabelecer um *processo*, uma *estrutura*. Tenha como base dessa estrutura os seguintes conceitos: conhecimento acerca do produto, preço, qualidade e, fundamentalmente, muito treinamento da equipe.

Meta de vendas precisa ter *critério*. Você não pode simplesmente seguir a direção do vento, não. Definir metas aleatórias não vai ajudar em nada. Você pode acabar com seu time se o fizer. As metas de vendas têm o potencial para jogar todo mundo para cima ou para baixo. Não tem meio-termo: ou paralisa a equipe já na largada da corrida, por não acreditar que é possível, ou faz com que ela desista no meio do caminho.

Quais são os critérios fundamentais para você desenvolver e projetar uma meta de vendas?

VOCÊ PRECISA SE BASEAR NO HISTÓRICO DA SUA EMPRESA OU DOS SEUS VENDEDORES

Se você vende dez, como é que vai passar a vender trinta da noite para o dia? Qual é o novo fato relevante que vai tornar isso possível?

Meta é que nem escada: se você tentar pular um monte de degraus de uma vez, a probabilidade de cair é enorme.

Metas

VOCÊ PRECISA SE BASEAR NO POTENCIAL MERCADOLÓGICO

Se o mercado compra 100, você, sozinho, consegue vender 95, certo?

Errado. Amigo, o mundo dos negócios é um oceano cheio de tubarões. Você acha que está nadando sozinho? Não está, não.

VOCÊ PRECISA SE BASEAR NO CENÁRIO PROJETADO PELO GESTOR DO SEU TIME

Converse com o gestor para ouvir dele qual é o cenário, como fazer para construir sua meta.

Este é um detalhe importante que muita gente desconsidera. Se você não captar o sentimento, o envolvimento da equipe, não adianta. A equipe precisa acreditar que a meta é possível. Você pode fazer a campanha que quiser que não vai funcionar. As metas de vendas precisam ser claras e alcançáveis.

Mas como ACELERAR esse processo?

Fala-se muito a respeito do conceito de *micrometas*, que são uma boa opção para acelerar os resultados. Criar micrometas é como segmentar mercados (falo sobre segmentação no Capítulo 10). Segmentar mercados nada mais é do que segmentar a meta. Ao criar micrometas, você cria uma meta, por exemplo, por perfil de cliente. Então, para determinado perfil, a meta é tal, para esse é outra, para o cliente ativo a meta é X e para o inativo é Y. Cada um tem um tipo de meta.

O VENDEDOR TÁ ON

Outra opção é criar *metas por região*, como se o mercado fosse uma pizza. Assim, cada fatia corresponde a uma percentagem, a uma parte do mercado. Não dá para engolir a pizza toda de uma vez só, tem que fatiá-la.

Você pode também criar micrometas baseadas na *aceleração dos resultados*, que é basicamente criar metas por *linha de produto*. A água com gás custa X, a água sem gás custa 2X. O refrigerante custa tanto; a cerveja, um pouco mais. Você pode criar metas por linha de produto para depois pensar no aspecto macro.

E, por último, você pode criar micrometas baseadas nos *canais de distribuição*.

Assim, para supermercados grandes, por exemplo, a meta é tal, enquanto, para lojas de conveniência, a meta é outra, para o atacado é outra etc.

Importante salientar que meta não adianta nada sem *propósito*. Absolutamente nada. O que faz com que as pessoas superem dificuldades para atingir a meta? O que faz com que as pessoas encarem suas dificuldades para acelerar e colocar toda a força nas vendas? Por que alguns não desistem da meta de vendas? Propósito. Quando você não tem propósito por trás de uma meta, quando você não tem propósito pelo que você trabalha, não vai a lugar nenhum. Quando não tem propósito no seu planejamento de vida, você fica estagnado. Enquanto isso, as pessoas vão acelerando e o atropelando, deixando-o para trás.

Então, o que é *propósito*? Vamos deixar as definições de lado e ver um exemplo.

Pense a respeito do seguinte: o que você acha que leva um cara que recebe um salário relativamente baixo a se submeter a grandes riscos, usar uma roupa desconfortável, ter que ficar escutando uma sirene no último volume e entrar em um prédio em chamas para sal-

Metas

var alguém que ele não conhece? Não é o salário que o motiva, mas o propósito dele, que é *salvar vidas*. Então, quando você tem um propósito, seja ele querer que o cliente cresça, dar uma vida melhor para sua família ou mesmo levar sua filha para conhecer a Disney, quando você *amplia* sua própria meta mediante um *objetivo subjacente*, você vai mais longe.

OS DOIS TIPOS DE META

- **META OBJETIVA:** são os resultados profissionais.
- **META SUBJETIVA:** são os resultados pessoais.

Quando você atinge as metas, tem uma satisfação que não é só profissional, mas *pessoal*. Você é visto de outra forma no ambiente familiar e, na sociedade, é visto como uma pessoa altamente capacitada. As metas existem em todas as áreas da sua vida. Em vendas, se você não definir uma meta real, alcançável, e se não a perseguir, vai ser muito difícil sair do lugar.

Se você sabe para onde quer ir, o caminho fica mais fácil.

CAPÍTULO 23
Segmentação

Até aqui, você já aprendeu sobre gestão, sobre como aumentar suas vendas, como liderar sua equipe e muito mais. Viu também como desenvolver uma estratégia matadora com todos esses conceitos práticos. Agora, você precisa aprender a *segmentar mercados* para não cometer o erro de generalizar aspectos cruciais.

Imagine que você trabalhe no mercado de frutas. Agora me responda: trabalhar com jaca é a mesma coisa que trabalhar com morango? A entrega é a mesma? O armazenamento é igual? O preço é parecido? A atratividade é a mesma? E a sazonalidade? Tudo é bem diferente. *Segmentar* é se ater a essas diferenças e saber como as administrar em função do *ambiente* em que você está.

Seguem alguns benefícios da segmentação:

DIMINUIÇÃO DOS RISCOS

Como você segmentou, seus riscos ficam limitados àquele ambiente específico.

O VENDEDOR TÁ ON

ATENDIMENTO AO CLIENTE DE MANEIRA PERSONALIZADA

Você chama o João de João e o José de José. Isso é muito valorizado hoje em dia e pode ser um grande diferencial para sua empresa.

PODER SELECIONAR OS SEGMENTOS MAIS ATRATIVOS

Quando você trabalha em todos os segmentos ao mesmo tempo, perde um pouco da riqueza de detalhes de segmentos específicos. Segmentar o ajuda a selecionar os mercados mais atrativos.

FACILIDADE PARA AVALIAR OS RESULTADOS

E facilita muito. Segmentar mercados lhe confere uma *visão 360º*, muito mais ampla, que viabiliza a análise do desempenho do produto em cada segmento.

FACILIDADE PARA FOCAR OS CLIENTES

Se você tem muitos clientes, segmentar o ajuda a separar os clientes em grupos de acordo com as características e o perfil de compra. Esses grupos podem ser organizados de acordo com expectativas, necessidades, comportamentos etc.

Lembre-se do exemplo do morango e da jaca: produtos diferentes, abordagens diferentes.
Por isso a **SEGMENTAÇÃO**.

Segmentação

Resumidamente, segmentação de mercado é um conceito baseado em *serviço* e *solução*. Você conhece o negócio do cliente, tem a solução *específica* para ele, porque segmentou. Você sabe quais são as *necessidades* dele e o momento de apresentar *soluções personalizadas*. É isto que as pessoas buscam: ser chamadas pelo nome e ser tratadas de acordo com aquilo que precisam.

Quando a questão não é um produto, mas um serviço, você precisa se adequar à *cultura* do cliente, e segmentar é um trunfo para tal. Aprimorar seu foco sobre o cliente, prestando um serviço *customizado* e *exclusivo*, é um diferencial importante.

Aí entra uma questão crucial: e quando você tem uma gama de clientes muito diversificada? A solução, então, é segmentar os clientes a fim de conseguir uma classificação *homogênea*. Isto é, quando você segmenta os clientes, *aumenta seu foco* sobre cada classificação. Assim, enxerga com mais *precisão*.

Tome o mercado de fraldas como exemplo. Dentro dele, existe o segmento de fraldas infantis e o de fraldas geriátricas, que são vendidas em lugares diferentes e são usadas por públicos diferentes. Enquanto uma mãe compra fraldas para seu filho feliz da vida, o idoso compra fraldas geriátricas envergonhado. A primeira tem uma embalagem linda, com um bebê igualmente lindo e fica exposta nos lugares, enquanto a segunda tem embalagem discreta e fica escondida. Isso é segmentação de mercado. Repare que o mercado é o mesmo, porém a *abordagem* é completamente diferente, porque os clientes são diferentes. Segmentar lhe dá a oportunidade de desenvolver *estratégias exclusivas*.

Você pode até ter a grande ambição de querer dominar o mercado sozinho, mas lembre-se de que *capacidade instalada* é diferente de *capacidade de produção*. Vamos rever a diferença:

Você pode ter uma capacidade instalada de dez e uma capacidade de produção de cinco ou o contrário. Além disso, não conheço

O VENDEDOR TÁ ON

empresas que fazem duas coisas ao mesmo tempo e fazem ambas bem-feitas. Veja, por exemplo, as empresas mundiais de grande porte. O que elas fazem? Elas segmentam e definem *gerências de produtos* específicas. Ou seja, nessas empresas, existem pessoas só para administrar questões específicas de cada produto.

Assim, se você é um produtor de fraldas infantis, vender fraldas geriátricas não necessariamente significa oportunidade. Analise primeiro a *fatia de mercado* que você domina antes de pensar em se aventurar por outros segmentos. Às vezes, é melhor trabalhar onde você já tem domínio para *ampliar* sua fatia de mercado em vez de desbravar outros mares, o que é muito arriscado.

Agora, é muito importante que você não confunda *segmentação de mercado* com *classificação de clientes*. Um conceito beneficia o outro, mas eles são diferentes.

Você pode classificar os clientes de diversas maneiras. Uma delas é de acordo com o *porte*. Veja um exemplo:

- 50 mil para baixo (cliente pequeno) — atendimento por telefone.
- 50 mil a 100 mil (cliente médio) — apoio do suporte online.
- 100 mil ou acima (cliente grande) — apoio do suporte online e visitas periódicas.

Outras maneiras de classificar os clientes são: por região, por tipo de produto adquirido, por volume de compra, por padrão de recebimento do produto, por cultura, por tecnologia etc. O importante é entender que os clientes são diferentes e que precisam de tratamentos diferentes. Se você não os classificar, eles vão classificar você, e não vai ser uma classificação boa, não.

Segmentação

Existe um conceito simples e prático que chamo de *quadrante gerencial de vendas*. Vamos a ele:

- **Clientes novos em volume e valor**
- **Grau de recompra e razão**
- **Quadrante gerencial de vendas**
- **Clientes perdidos em volume e valor**
- **Faturamento e lucratividade por grupos de clientes**

- **PRIMEIRO QUADRANTE:** qual é o grau de recompra desses clientes? Quantas vezes eles recompraram e por quê? Que motivo os leva a comprar com você?

- **SEGUNDO QUADRANTE:** quantos clientes novos você tem (em volume e valor)? Controle isso todos os dias, sempre comparando com os resultados periódicos anteriores.

- **TERCEIRO QUADRANTE:** quantos foram os clientes perdidos (em volume e valor)? Por quê? Quantos clientes passaram pelo funil e não foram convertidos?

- **QUARTO QUADRANTE:** quanto é o seu *faturamento*? E a sua *lucratividade por grupo de cliente*? Verifique isso com frequência.

Ao segmentar, verifique o *volume bruto* e a *rentabilidade* o tempo todo. Acredito que você já tenha esses dados, então aplicar esse conceito vai ser moleza. Caso ainda não os tenha, não é difícil consegui-los. Sem fazer essa análise fica muito complicado melhorar.

Vamos a uma outra questão importante: como você *avalia e controla* seus *resultados*? "Ah, esse mês deu para pagar as contas, en-

137

O VENDEDOR TÁ ON

tão tá legal. No mês passado não deu..." Não é assim que funciona. Existem três dados que você deve analisar: a *margem bruta*, o *ponto de equilíbrio* e o *custo da força de vendas*. Vamos às definições:

- **MARGEM BRUTA:** é o preço de venda dividido pelo custo da mercadoria vendida.

- **PONTO DE EQUILÍBRIO:** também conhecido como *BEP* (do inglês *break even point*), é o custo total dividido pela quantidade de vendedores que você tem dividido pela margem bruta. É quanto você precisa para pagar as contas e ficar no zero a zero.

- **CUSTO DA FORÇA DE VENDAS:** é o custo total da força de vendas dividido pelo faturamento total. Falo sobre os diferentes sistemas de remuneração da equipe no Capítulo 18.

O custo da força de vendas não deve ultrapassar 9% do seu negócio, porque ele é como um aluguel, cujo valor costuma ficar em torno de 1% do imóvel. O valor ideal é entre 8% e 9% do faturamento bruto, senão, tem alguma coisa errada. E vale lembrar que não se trata do custo de marketing, e sim do custo da força de vendas.

E como avaliar uma força de vendas? Falarei sobre isso no Capítulo 24, mas vamos recapitular.

Verifique os seguintes aspectos:

A META DE VENDAS FOI ALCANÇADA?

Se sim, é um bom indicativo. Se não, estamos na roça. Fique atento.

OS CLIENTES ESTÃO SATISFEITOS?

Cliente satisfeito é sinônimo de sucesso. Não se esqueça disso.

Segmentação

O TURNOVER DA SUA EQUIPE É BAIXO?

Turnover é o "entra e sai". Você demite muita gente? Seus funcionários costumam pedir demissão? Turnover alto é mau sinal, porque você gasta para contratar, para treinar e para mandar embora.

Outro conceito importante é o do *produto recorrente*. Existem dois tipos de produto recorrente: o *dependente* e o *independente*.

Imagine que você tem uma borracharia. Amigo, sem pneu você não é ninguém, certo? Nesse caso, o pneu é um produto recorrente dependente. Agora imagine a linha branca (geladeira, fogão, freezer, micro-ondas...). As pessoas não compram geladeira toda semana, concorda? Por isso, as empresas que trabalham nesse segmento precisam de duas coisas: *extensão de linha* e *extensão de serviço*.

Dificilmente você vai encontrar uma empresa que vende só geladeiras. O mais comum é que esse tipo de empreendimento fabrique uma extensão de produtos, que é a linha branca. Quem comprou uma geladeira hoje só vai voltar a comprar daqui a cinco ou dez anos, isso se a geladeira quebrar. Enquanto isso, o fabricante vende também o fogão, o forno, o micro-ondas, a batedeira, o liquidificador etc. Assim, uma solução para a recorrência de bens duráveis é a extensão da linha.

Um exemplo da extensão do serviço é a tal da garantia estendida. Hoje em dia existem até seguradoras fazendo esse tipo de serviço.

Sabe um outro bem durável que é enganador? O carro. Concorda comigo que ninguém compra um carro por semana? Mas olha que interessante: quando você compra um carro na concessionária, o vendedor analisa seu perfil e, se for um Vendedor Pit Bull, faz anotações a respeito de você, coloca no *follow-up* dele e lhe oferece *upgrades*: "Olha, saiu uma versão nova do seu carro", "Olha, seu carro não tem ar-condicionado, mas tenho uma versão nova aqui que já vem com ar incluso", "Saiu uma versão nova do seu carro, é diferenciada...".

Independentemente de o bem ser durável ou não, quando o vendedor tem a capacidade de entender e interpretar o comprador, a esteira não para. Ela pode ter uma periodicidade, mas não para.

Hoje, o grande objetivo do vendedor não é vender um carro, mas vender *experiência*. Você compra um carro um pouquinho mais sofisticado e é convidado a participar de um evento no sábado. Às vezes, você é convidado a visitar o autódromo ou então a testar um carro que é *off-road*, daqueles carros que são desenvolvidos para andar na lama. O cara cria um circuito para vender experiência e diminuir seu tempo de recompra. Por isso, é muito importante que você crie um relacionamento com o cliente por meio dessa experiência.

Vejamos outro exemplo: imagine que você foi a um restaurante em que foi muito bem atendido. Qual é a preocupação do gestor desse restaurante? Ele está pensando no ticket daquela noite? Não, ele está pensando em ter você como cliente durante o ano todo. Nesse período, quantas vezes você tem a oportunidade de escolher entre milhares de restaurantes em uma cidade como São Paulo, por exemplo? A concorrência é muito grande. Por isso, vale muito a pena investir no relacionamento com o cliente, chamá-lo pelo nome, saber o que ele gosta de comer, que temperos e bebidas prefere etc. Esses detalhes não custam quase nada e têm um potencial enorme para fazer com que você tenha *recorrência* e *lealdade*.

Lembra que você leu sobre o *funil de vendas* no Capítulo 14 e aprendeu sobre a importância de não pensar só na entrada de leads, mas também a se ater àquilo que está acontecendo no meio do funil? Nesse exemplo do restaurante, você deve considerar o cliente que já foi convertido (aquele que entrou e está sentado, jantando) e se dedicar não para que ele dê a volta no funil de novo, mas para que ele volte, e isso acontece na *base do funil*. Assim, você aumenta o ticket médio dele e, consequentemente, a sua rentabilidade.

Não tem nada a ver com o esforço para atrair mais clientes, mas com potencializar os que já converteu. Tão importante quanto conquistar novos clientes é preservar os já convertidos, porque trazer esses clientes de volta custa muito caro.

CAPÍTULO 24
Desempenho

Agora que você que já viu diversas técnicas e ferramentas, vamos tratar de como *avaliar sua força de vendas*. Como é que você avalia sua equipe?

O primeiro a se fazer é verificar alguns aspectos em relação ao time. Vamos ver alguns deles.

Sua equipe ATINGIU A META? Se sim, ótimo, é sinal de que a equipe vai bem.

Os clientes demonstram insatisfação ou sua equipe está com o *índice de reclamação* enorme? Preste atenção, porque tem um alerta aí.

Seu *turnover* é baixo ou alto? O turnover é a frequência de troca dos membros da sua equipe. Ele indica o tempo de permanência das pessoas na empresa e o nível de demissões. Basicamente, a questão é deixar o turnover o mais baixo quanto for possível, porque os funcionários precisam estar comprometidos com a sua empresa. Esse giro de pessoas custa muito caro tanto para captar, quanto para contratar, treinar e depois demitir. Assim, se o seu turnover é baixo, significa que a sua força de vendas vai bem.

O VENDEDOR TÁ ON

Outro detalhe importante é se certificar de que sua força de vendas tenha um *centro de custo muito bem controlado*. Senão, você perde completamente o prumo.

Agora vamos falar a respeito de algo que é bem prático, do cotidiano, algo que apelidei de *centro de orientação de vendas*. Você precisa estar no caminho certo, no movimento certo e na velocidade certa para chegar aonde quer. O *centro de orientação de vendas* vai ajudá-lo com isso. Ele possui cinco fases. Vamos entender como elas funcionam:

FASE 1: ANÁLISE

Aqui você não tem que se preocupar em descobrir tudo, matar as grandes charadas ou enxergar o que ninguém mais enxergou. O foco aqui é ater-se às informações e estabelecer uma *conexão*. Você não tem que se precipitar em julgar nada, porque este é o momento de colher informações para fazer uma abordagem matadora.

FASE 2: COLETA DE DADOS

Avaliar a *qualidade* da informação, discriminar e julgar são um *grande erro*. "Ah, eu gostei disso", "Nossa, disso eu não gostei, não" — amigo, pouco importa o que você gostou ou não, isso não interessa. O que importa é ouvir com atenção e *captar* elementos que você possa usar para fechar a venda. Simples.

Desempenho

FASE 3: MARCAR O TERRITÓRIO

Aqui, você precisa deixar claro seu posicionamento como *sócio do cliente*, como o cara que vai ajudá-lo a ganhar dinheiro. Mostre que é parceiro e cúmplice do que ele pretende fazer. Só assim você ganha dinheiro também.

Estabeleça uma relação ganha-ganha. Tem gente que, quando você chega, olha e pensa: "Putz, de novo esse cara..." Não seja assim. Seja o cara que oferece soluções, que apresenta novidades valiosas. Esse é o cara que estabelece o ganha-ganha.

FASE 4: UNIÃO DOS ELOS

Esta fase é quando você está cara a cara com o cliente, quando está diante dele se perguntando: "Como é que eu aumento o espectro desse cara? Como eu amplio essa visão? Qual é o conceito por trás do que eu estou fazendo? O que eu preciso fazer, que ponte preciso criar para conquistar a confiança dele?"

Quando começa a venda, você está em um ponto e ele, em outro. O relacionamento é a construção de uma ponte que conecta vocês. É o elo. Se você não construir um relacionamento com o cliente, já sabe o que vai acontecer.

Quando consolida esse relacionamento, você preserva o cliente por mais tempo, tem lealdade, fidelidade e recompra. Quando isso não acontece, você tem oportunismo. E, por favor, não confunda oportunidade com oportunismo, são coisas completamente diferentes.

O VENDEDOR TÁ ON

FASE 5: ATAQUE DO VENDEDOR PIT BULL

Depois de ter criado um clima de vendas, você estará preparado para dar o bote certeiro. Sim, *clima de vendas*. Tem gente que já entra de costas para o cliente para agilizar o pedido, o que é errado. Isso é que nem relacionamento: conheceu a pessoa hoje? Chama para um cineminha, um jantar, dá uma volta de mão dada... Não enfie os pés pelas mãos, que ela vai correr. Em vendas é a mesma coisa, tem que ter um clima antes. O cliente precisa entender que você está fazendo bem para ele.

Aí chega a hora do bote, da abordagem do Pit Bull. Fazendo bem-feito, o cliente vai dizer: "Estou fazendo um bom negócio com esse cara!"

O centro de orientação de vendas é para não deixar você perder a direção, porque não adianta nada saber as técnicas de vendas se você se perde com o cliente.

Pense comigo: quando falamos a respeito de construir relacionamentos, o elemento principal para que tudo dê certo é a *verdade*. É aí que a gente diferencia *oportunidade* de *oportunismo*.

Imagine o seguinte: uma mulher chega para comprar um vestido com você. Ela provou dois vestidos: um de R$900 e um outro de R$300. O vestido de R$900 ficou uma desgraça nela, enquanto o de R$300 ficou uma maravilha. Você vai vender o vestido mais caro para ganhar mais comissão e bater a meta ou vai pensar na satisfação do cliente? Não se esqueça de que a satisfação do cliente é a plenitude dele a seu favor.

Não existe relacionamento unilateral. Se venda fosse unilateral, não precisava de cliente, né? Você venderia sozinho.

Eu não gostaria que acontecesse com você o que acontece com muita gente: o cliente sinaliza algo, mas você vai à outra direção.

Desempenho

Entenda, você está aprendendo técnicas, ferramentas e estratégias poderosas para aumentar seu desempenho e o da equipe, então tem coisas que você não pode confundir. Por exemplo: você não pode confundir tamanho da força de vendas com aumento de produtividade. "Ah, eu tenho dez vendedores, vou contratar mais dez para dobrar as vendas..." Não tem nada a ver. Saber dimensionar é uma atividade completamente independente.

Outro fator importante: *contenção de custo* não tem nada a ver com *incremento de lucro*. Não é porque você está gastando menos que vai ganhar mais, isso é *adequação*.

Força de vendas é uma questão de inteligência. Coloque essas dicas e instruções em prática e verá os números crescendo. Autoajuda não serve para aumentar as vendas e dar resultado, esse tipo de livro é para engrandecer seu espírito.

Por outro lado, no mundo corporativo, que é frio, gelado, calculista e extremamente competitivo, ou você sabe fazer, ou não sabe. E quem não sabe fica para trás. Este livro é para deixar você no rol dos caras que sabem fazer.

Já falamos aqui do centro de orientação de vendas, citando exemplos em que você está cara a cara com o cliente — uma oportunidade excelente, porque você percebe se ele está sorrindo, se está de cara fechada, se avança o corpo, se olha para cima etc., e tudo isso é passível de interpretação. Mas e quando a venda não é presencial, como proceder?

Hoje em dia as pessoas estão fechando negócios pelo WhatsApp. O que você pode escrever e o que não pode? E nas redes sociais, o que você pode postar e o que não pode? O que você pode falar, em que tom, com que intensidade? Um simples e-mail pode ser escrito de maneira a fechar a venda ou de maneira a colocá-lo em conflito.

O mesmo vale para o call center. Treinei inúmeras equipes desse segmento. O call center tem detalhes técnicos que fazem toda a diferença, como colocar aquele "sorriso" na voz. O cliente tem que sentir esse sorriso. Muitos call centers, inclusive, colocam um espelho na frente do atendente para reforçar a maneira como ele se vê e, consequentemente, o cara do outro lado também. A mulher se maquia, o homem penteia o cabelo. Isso tudo é técnica de venda para deixar o vendedor em *sintonia* com o cliente.

Às vezes, o tom que você dá no áudio do WhatsApp soa pesado, abrupto, impositivo. A ideia não é essa. Corrigir esse tipo de mancada é bem difícil, então muita atenção no momento de falar com o cliente, e mais atenção ainda quando o centro de orientação não for presencial. Nesse caso, você não tem a vantagem de interpretar o que está acontecendo, então precisa de muito feeling, isto é, muito sentimento, e o dobro de atenção para conseguir tirar proveito das oportunidades.

Hoje em dia, com a internet, você consegue acessar a rede social de qualquer um, saber se a pessoa tem portal, o que faz, se tem família, se é pai, se tem filhos, para que time torce. Já parou para pensar na quantidade de informação que está disponível? Se estiver preparado, enfrentará situações não presenciais estando presente pela quantidade e pela qualidade das informações que colher. Dê valor a essas informações e, assim, você ficará em sintonia com o cliente e falará o idioma dele, na velocidade dele, do jeito que ele gosta e que precisa ouvir.

Você não precisa ser um detetive, um investigador, mas precisa dessa característica investigativa, dessa sagacidade. Imagine que alguém queira comprar um imóvel com você. A primeira coisa que vem à sua mente é: "Esse cara está vindo aqui para visitar, conhecer, xeretar ou para comprar mesmo?"

Desempenho

Então, o que você faz? Vai para cima da informação. Busque saber quem ele é, onde trabalha, o que faz, qual é a estrutura profissional e familiar desse cara, qual é o passado dele. Antigamente só se verificava o Serasa, para ver se o cara tinha o nome sujo. Hoje, as pessoas não querem saber só se o nome está sujo, querem saber da história, da biografia. Ninguém mais está disposto a começar uma negociação, seja virtual ou presencial, sem saber *exatamente* com quem está falando e como se posicionar.

Imagine que alguém vá procurar seu perfil na internet. O que essa pessoa encontra: um perfil que vai ajudá-lo a fazer negócio ou informações e imagens que prejudicam o negócio?

Fique atento a isso, porque hoje em dia as pessoas são medidas até pela quantidade de seguidores. "Olha esse cara, que importante, tem mais seguidores do que eu..." Nada a ver. Mas as pessoas estão na internet expostas, e, já que ficará exposto, exponha-se direito, de forma retilínea e condizente com aquilo que você faz. Vista-se para o sucesso, comporte-se diante do quadro que você vive. Imagine um surfista com uma foto de bermuda e prancha no perfil dele. Faz todo o sentido. Agora imagine que você entre no meu perfil e encontre uma foto minha de bermuda, sem camisa, com um boné para trás, óculos escuros e uma prancha. Não parece o cara que vai ensiná-lo a vender mais e melhor, não é?

Cuidado, porque as pessoas vão procurar saber quem você é, e neste caso a decisão é sua. Seja *coerente*.

Um dos livros que mais vendeu no mundo foi *O Código Da Vinci*. O filme, por outro lado, não chegou nem perto do sucesso do livro. Sabe por quê? A narrativa do livro faz com que as pessoas *idealizem* os personagens. Para quem leu, o cara era alto, cabeludo e forte. No cinema, o cara era baixo, fraco e de cabelo curto, ou seja, não atendia à expectativa gerada. Vale lembrar que se trata de um filme consagra-

147

do que teve um desempenho muito inferior ao livro porque a *expectativa* não foi *proporcional*.

Agora imagine um cara que não está com essa bola toda, que não tem sucesso prévio com um livro ou com algum conhecimento. Qual a importância da primeira impressão que esse cara vai causar?

Lembre-se de que você não vai ter uma segunda chance de causar uma boa primeira impressão. Isso é muito importante. Você que está em pleno desenvolvimento da sua carreira e do seu negócio, então, muito cuidado com o que você posta, principalmente assuntos polêmicos. Para onde esse tipo de conteúdo vai levar? Para que falar de futebol, política, religião, assuntos que podem comprometer sua imagem, que podem passar uma imagem sua que não é real?

Imagine, por exemplo, alguém que esteja pensando em contratá-lo e você declara que curte determinada religião, é fanático por um time ou é adverso a uma determinada posição política. Você gera um contraponto negativo. As pessoas não querem só um bom profissional, mas alguém que esteja conectado com seus ideais.

As redes sociais foram feitas para conectar, e não para desconectar. Fique ligado!

CAPÍTULO 25
Eficiência

Por que alguns vendedores vendem mais do que os outros? Você só compreende quando entende que existem dois *estágios*, dois *níveis* de vendedor: o *nível tático* e o *nível estratégico*.

No Capítulo 6, expliquei que você só consegue vender pela internet produtos que bastem comunicar o valor. Comunicar o valor e gerar valor têm a ver com *conveniência*, com *customização*, com serviço direcionado, com *enxugar a cadeia do cliente*. Gerar valor é levar a seguinte pergunta para toda sua vida: "O que mais que eu posso fazer pelo cliente?"

É assim que você gera valor. Sabe como nasceu um dos maiores valores da última década? Nasceu de uma oportunidade que nem mesmo o cliente enxergava: *terceirizar* os serviços. Em um belo dia, alguém chegou a uma empresa e disse: "Vem cá, seu negócio não é fabricar garrafa de água? Então para que esse monte de caminhão para entregar? Terceirize isso para uma transportadora, venda os caminhões e invista o dinheiro na sua empresa, em máquinas novas, em tráfego, em propaganda…" Esse é um exemplo clássico que revolucionou o mundo. A partir daí, as pessoas passaram a dar mais importância ao *core business*.

Porém o mais importante é ter o vendedor certo para dizer isso ao cliente. É nessas horas que costuma entrar em cena o sabichão de

O VENDEDOR TÁ ON

plantão, o cara que não entende nada, que é metido a especialista e manda aquela: "Vendedor bom vende até gelo para esquimó!"

Não caia nessa. É a maior mentira que já inventaram. Não existe vender qualquer coisa para qualquer um. O nome disso é pilantragem. Sabe por quê? Porque existem somente *três tipos de venda*.

O primeiro tipo é a *venda de alto impacto*, na qual o valor é criado, em que tudo está centrado na política comercial, no custo e no serviço da entrega básica. É aquele negócio em que a produtividade dita as regras do jogo. Exemplo: a Coca-Cola. O representante de vendas chega ao ponto de venda apenas para registrar a falta do estoque e fazer o pedido. Não tem negociação nem desconto. Na venda de alto impacto, você não tem que dizer nada para o cliente, tem que produzir, apenas. Quanto mais produz, mais escala tem — isso é *volumetria*.

O segundo tipo de venda é a *venda consultiva*. Na venda consultiva, o cliente precisa do vendedor, porque ele não sabe concluir o processo sem a sua *consultoria*. Existem dois tipos de venda consultiva: a de *alto impacto* e a de *longo impacto*.

Um exemplo clássico de *venda consultiva de alto impacto* é o plano de saúde: o vendedor se senta com o cliente para discutir cada uma de suas necessidades e oferece um pacote *personalizado* para fechar a venda no final. Já a *venda consultiva de longo impacto* é diferente por demandar mais tempo e ter uma consultoria mais *complexa*. Assim, você não consegue obter um fechamento logo após uma consultoria primária.

O terceiro tipo de venda é a *venda empreendedora*, como o exemplo da terceirização que expliquei no início deste capítulo. A venda empreendedora é quando você vende algo de que o cliente nem sabia que precisava. É o caso das empresas que fabricam a embalagem do próprio produto, que *verticalizam* tudo.

Eficiência

Conheço raríssimas empresas que conseguem verticalizar de zero a cem. Geralmente, essas são as empresas que não param de produzir e que normalmente funcionam com base em sua capacidade de produção, que é menor do que sua capacidade instalada. Elas vendem muito mais do que conseguem produzir.

Em suma, só existem três tipos de venda. Se você contratar um vendedor que vem do mercado de alto impacto para fazer vendas consultivas, não vai dar certo, porque esse cara é ansioso, está acostumado a volume alto, não está acostumado a trabalhar a venda, mas ao alto impacto, e esses vendedores não se misturam, porque são completamente diferentes. Um visita muito, outro visita menos. A visita de um é breve, enquanto a do outro é demorada. O vendedor só está apto a fazer essa parte da consultoria quando vai para o mix do online e do offline. O vendedor de alto impacto normalmente tira pedido online e acaba entrando no presencial apenas para gerir conflito.

Por isso, saiba qual é o seu tipo de venda. Onde é que sua empresa se encaixa: no alto impacto, no consultivo ou nas vendas empreendedoras? Se você errar aqui, também não vai acertar na hora de vender.

CAPÍTULO 26
Recrutamento

Depois de entender os tipos de venda, como fazer para vender mais e os motivos que levam um vendedor a vender mais do que outro, você só não pode errar em mais um detalhe, amigo: contratar mal.

Se errar aqui e, na seleção, colocar para dentro o cara errado, isso vai lhe custar *muito caro*.

> **GUARDE ISTO NA CABEÇA:** contrate lentamente, demita rápido. É muito mais caro perder cliente do que demitir vendedor.

Por isso, você precisa de um processo de contratação muito preciso. Contratar vendedores é um verdadeiro desafio, porque normalmente eles são treinados para argumentar, para criar um personagem que impressione. Não é que vendedor mente, mas ele exagera, floreia. Não é que o vendedor não possa ser engenheiro, mas é que todo vendedor tem aquele espírito de decorador, entende?

O VENDEDOR TÁ ON

Por isso, seja determinado durante a entrevista. Tenha postura, aja com convicção e faça perguntas precisas e matadoras.

Uma das primeiras atitudes que você deve tomar já na primeira entrevista é *provocar a desistência do candidato*. Experimente dizer o seguinte: "Olha, gostei de você, mas aqui o desafio é grande e, pelas suas competências e seu histórico profissional, acho que você não vai dar conta..."

Das duas, uma: ou ele vai minguar, vai concordar com você e jogar a toalha, ou vai virar um verdadeiro Pit Bull raivoso que vai lutar por uma oportunidade de provar o contrário. O segundo é o cara com o perfil e o comportamento que lhe interessam. O primeiro é só perda de tempo.

Outro detalhe muito importante dessa primeira entrevista: esclareça a oportunidade que você está oferecendo, evidencie que negócio está sendo proposto, quais são as regras (vendedor precisa de regras, porque já lida com muita variável) e, fundamentalmente, faça de tudo para conhecê-lo. Analise a apresentação pessoal dele. Ele se preparou para a entrevista?

Falamos um pouco sobre as redes sociais. Essa é uma excelente oportunidade para usá-las. Visite o perfil do candidato e verifique se ele está na ativa. Analise os objetivos pessoais dele, que objetivos de vida ele tem e se eles se relacionam com a oportunidade que você está oferecendo.

E não pergunte se ele tem experiência em vendas; pergunte como é a *entrega* dele. Onde foi que, quando entrou, ele vendia dez e quando saiu vendia doze? O que ele construiu, o que entregou, o que edificou? Se, na primeira entrevista, você não conduzir um sistema de pressão em cima do vendedor, ele é que vai pressionar você.

Em um segundo momento, você deve testar a *ética* do vendedor. Peça a ele que lhe dê um bom motivo para ser o dono da vaga.

Recrutamento

Mostre-lhe os candidatos que estão concorrendo com ele e pergunte por que ele, e não o Pedro, o João, o Joaquim ou a Maria. Se ele começar a agredir as deficiências dos outros e tentar diminuí-los em vez de defender os atributos dele, você já sabe que, quanto à ética, esse cara não serve.

Uma opção muito interessante é pedir ao candidato que apresente duas características que defendam as *forças* dele e outras duas que defendam as *fraquezas*. Se o candidato disfarçar uma força de fraqueza, muito provavelmente é um enrolão. Fuja de respostas clichês do tipo: "Olha, eu sou muito exigente, essa é uma fraqueza minha", "Sou perfeccionista", "Trabalho demais", "Exijo demais". Isso é história para boi dormir e esse cara vai ficar enrolando, justificando por não ter batido a meta. Você não precisa disso.

Se achar que está com o profissional certo, faça uma dinâmica de grupo para sair do achismo e ter certeza. Selecione, por exemplo, três ou quatro finalistas e faça uma dinâmica desafiadora. Exponha todos eles à *prática*. O vendedor fica exposto o dia inteiro aos mais diversos tipos de situações, e ele não pode tremer em uma dinâmica de grupo.

Ainda na dinâmica, provoque. Faça uma votação secreta perguntando quem é o candidato certo para a vaga e analise as justificativas. Sempre tem alguém que se destaca, porém o outro sempre vai dizer que o cara certo é ele. Veja se, de repente, a defesa dele faz sentido. É na dinâmica de grupo que o candidato mostra se sabe trabalhar em equipe ou não, basta elaborar um teste que evidencie essa aptidão.

"Está vendo essa garrafa? Venda-a pra mim." Essa pergunta é matadora e sempre diferencia quem sabe fazer de quem só fala muito.

Você tem que pegar o candidato de surpresa na seleção, porque é isso que o cliente vai fazer com ele no cotidiano. Teste as habilidades dele, deixe que ele se exponha e faça perguntas inteligentes, como: "Amigão, qual você acha que é a melhor parte da sua profissão, de ser vendedor?", "Por que você saiu da sua última empresa? Foi por causa

O VENDEDOR TÁ ON

da remuneração ou do ambiente de trabalho?", "Qual foi o último livro que você leu?". Essa não perdoa ninguém. Na maioria das vezes, o cara vem com um best-seller clichê, tipo *O Monge e o Executivo*, porque todo mundo leu.

Veja se o candidato dá valor ao conhecimento, pergunte qual foi o último curso que ele fez. Assim você começa a entender a visão de médio prazo dele. Questione sobre os objetivos que ele tem para os próximos noventa dias. Já sabe, né? Se ele vier com o "veja bem", já descarte de uma vez, esqueça, porque não vai funcionar.

Procure perguntar sobre os *hábitos* do candidato. Um cara que não tem bons hábitos não vai a lugar nenhum. Lembre-se de que você está contratando *personalidade* e *habilidade*, que são os dois principais atributos de qualquer bom profissional.

Olhe só este quadro que criei para mostrar como custa caro contratar errado.

NOME	PIT BULL	FIM DA LINHA	MARCHA LENTA	PONTO MORTO
Faturamento	100 mil	50 mil	30 mil	20 mil
Fixo	2 mil	2 mil	2 mil	2 mil
Comissão (10%)	10 mil (12%)	5 mil (14%)	3 mil (17%)	2 mil (20%)

Você tem aqui quatro vendedores: o Pit Bull, o fim da linha, o marcha lenta e o ponto morto. O custo fixo é o salário que você paga a cada um deles e a comissão, também igual para todos, é de 10%.

Analise esse quadro com atenção e repare na diferença que essas porcentagens fazem. Proporcionalmente, a diferença é exorbitante. Hoje em dia, os negócios têm margens muito espremidas, então veja

Recrutamento

só o peso que é contratar errado. Coloque esse quadro na sua sala, pendurado, para não esquecer.

> **Saiba diferenciar o vendedor que dá lucro daquele que não dá e o que dá mais lucro do que o outro. Você precisa dessa visão, caso contrário sua falência é iminente.**

Entenda que, a cada vez que um vendedor comete um erro grave, quem paga é *você*. Erros comuns como postergar, adiar sem necessidade, deixar para amanhã algo que pode ser feito agora etc. custam muito caro. O vendedor que comete esses deslizes está acostumado a improvisar, e eu nunca vi improviso dar certo fora do jazz.

Esse é o famoso vendedor que vem com aquela desculpa do "Ih, não deu". Como não deu? Para que você contrata um motorista? Para dirigir, né? Para que você contrata um faxineiro? Para limpar, certo? Um cozinheiro, você contrata para quê? Para cozinhar. E para que você contrata um vendedor? Para bater meta e entregar resultado! Vendedor que não bate meta só serve para dar despesa.

Avaliar deve ser uma atividade *constante*. Entenda que avaliar não é uma atividade esporádica, é o tempo todo. Porém as pessoas são sua força motriz, são elas que o representam na hora H. Se o desempenho delas não estiver excelente, você acaba se dando mal.

E depois de avaliar, o que fazer? Realmente não adianta nada avaliar e não saber o que fazer depois. Quanto aos vendedores, você vai encontrar quatro perfis: o competente, o incompetente, o motivado e o desmotivado. Entenda como desmotivado aquele cara descomprometido, que não leva nada a sério. É o que você mais vai encontrar.

O VENDEDOR TÁ ON

Se tiver um vendedor motivado e competente, você tem que entregar *desafio* para ele. Com novos objetivos puxando-o para cima, ele vai voar. Aumente a régua dele aos poucos e veja como ele responde bem.

Agora, se tiver um cara desmotivado e competente, vale a pena investir. Motive-o. O problema dele pode ser temporário, como alguma besteira que o desanima. Se o cara é competente, vai lhe dar muitos frutos, basta regar um pouquinho.

Se tiver um vendedor motivado e incompetente, lascou. Esse é o burro motivado, que faz tudo errado feliz da vida. É um verdadeiro dromedário perdido em uma cristaleira: quebrando tudo, babando horrores e feliz que só vendo. Esse cara precisa de *treinamento*. Aproveite a motivação dele e o ajude a fazer a coisa certa.

Agora se você tiver um vendedor incompetente e desmotivado, vapo nele! Demita-o sem pensar duas vezes. Não esqueça: demita rápido, contrate devagar. Isso não é dica, não é conselho, é lição de vida. Experiência é uma questão de *danos*, não de anos. Trata-se daquilo que você viveu e daquilo que *aprendeu*. Há pessoas nas quais não vale a pena investir. O desmotivado incompetente está nessa lista.

Enfim, existem diversas maneiras de vender mais, vender melhor, portar-se melhor no mercado etc. Agora, você precisa saber o que faz, conhecer as técnicas que vai aplicar e entender como fazer isso para subir cada vez mais. Nessa jornada rumo ao topo, você encontra cinco tipos de pessoas.

VOCÊ VAI ENCONTRAR VENCEDORES

O vencedor é um cara como você, que está lendo este livro: ele quer crescer, quer conhecimento, quer novas técnicas e ferramen-

Recrutamento

tas, ele gosta de se dedicar. Os vencedores superam obstáculos, desafiam-se o tempo todo e nunca param de aprender.

VOCÊ VAI ENCONTRAR PERDEDORES

A principal diferença entre o perdedor e o vencedor é apenas um detalhe: o perdedor *desistiu* de tentar. O sucesso não vem de um dia para o outro, mas com a dedicação de toda uma vida.

VOCÊ VAI ENCONTRAR JOGADORES

Os jogadores são aqueles caras que começam bem demais, melhoram e depois caem porque não aguentam o ritmo. Se é para jogar, então jogue para vencer!

VOCÊ VAI ENCONTRAR ACROBATAS

Eles começam com uma apresentação extraordinária, de cair o queixo, mas vão diminuindo o rendimento ao longo do caminho.

VOCÊ VAI ENCONTRAR PCATS

Os PCATs são aquelas Pessoas Contra Absolutamente Tudo. Estes são os caras que você mais vai encontrar na sua vida. Não dê atenção a esse tipo de gente, porque as pessoas não falham, elas simplesmente param de tentar.

E aí, qual deles você **QUER SER**?

O VENDEDOR TÁ ON

MANDAMENTOS DO VENDEDOR PIT BULL

1. **Você já ouviu dizer que quem desdenha quer comprar?** Muitas perguntas ou tentativas de barganha soarão como objeções. Se conseguir interpretar o objetivo do cliente, terá uma ideia mais clara de como agir. Interpretar de forma errada pode transformar uma tentativa de barganha em objeção.

2. **Cada vez que o cliente verbalizar um sentimento** ou atitude negativa relacionada à sua empresa ou produto, contenha-se! No primeiro momento seu ego falará mais alto e você será levado a responder ao desaforo. Lembre-se de que você não é o advogado de defesa da sua empresa. Você é pago para se relacionar bem com as pessoas e buscar resultados!

3. **Jamais critique a concorrência para defender sua posição.** Além de antiético, poderá ofender o cliente, questionando uma decisão dele. Em vez de criticar, convença-o com argumentos palpáveis, comparando resultados, por exemplo!

4. **Quando pensar em visitar um cliente novo,** vá preparado para vencer quatro possíveis objeções: iniciais (*Não tenho tempo! Não tenho necessidade. Não tenho interesse.*) e finais (*Preciso pensar a respeito! Ligue-me daqui a um mês! Quando eu precisar, eu ligo!*) Como superar isso? Se você tiver feito um bom trabalho de prospecção e relacionamento, a única objeção válida será a falta de tempo.

Recrutamento

5. **Quando receber uma objeção ou crítica,** por mais contundente que possa ser, controle a sua emoção. Em uma discussão, o primeiro a ficar nervoso já perdeu a briga. Alguns compradores são orientados para pressionar o vendedor até abalar o emocional dele. A partir daí, acham ser mais fácil manipular o vendedor.

6. **Quando um cliente ultrapassar os limites,** *"leve sempre os desaforos para casa"*! De nada adianta retrucar no mesmo nível. Quem sairá perdendo será sempre você. Se perceber que se trata de algo pessoal, tenha coragem para passar a bola para outro colega, nem que você precise dividir a comissão. É melhor metade do que nada.

7. **Nem sempre uma objeção é sinal** de que o cliente não quer comprar o produto. Quando ele faz uma objeção sincera, está assinalando que tem interesse real em comprar o seu produto. Se assim não fosse, qual seria o motivo de ele continuar a conversa? Apenas desperdiçar o seu tempo e o dele?

8. **Existem situações em que a melhor defesa** é o ataque. Já esperando uma possível objeção do cliente em relação ao porte da sua empresa, antecipe-se e apresente essa característica como um benefício. Dessa forma, você terá eliminado uma objeção que, com certeza, seria feita mais tarde.

9. **Um dos grandes erros dos vendedores** é continuar falando mesmo após ter fechado o pedido. Demonstrações de euforia são atitudes antiprofissionais. Portanto, aja profissionalmente. Pegue o pedido, agradeça, despeça-se e caia fora!

10. **Os clientes adoram a sensação de poder.** Portanto, nunca duele com eles! Deixe que se sintam no comando da situação. Apenas concentre sua atenção na solução dos problemas que eles apresentam. Solucione-os e ambos sairão poderosos.

PARTE SEIS

Marketing DIGITAL para sua EMPRESA

Agora que você conheceu as técnicas de vendas, é hora de entender como gerenciar o marketing digital da sua empresa.

O mundo online veio para ficar. E se você for daqueles que acham que seu negócio não precisa estar no digital, meu amigo, os dias da sua empresa estão contados. Não é uma mera questão de vender online ou não, como vimos no Capítulo 6, mas de entender que seu empreendimento precisa de *divulgação*, e o melhor ambiente para se divulgar, hoje em dia, é a internet.

Como o tema é marketing digital, convidei meu grande amigo especialista no assunto, Brunno Tassitani, para enobrecer esse conteúdo. Os próximos capítulos deste livro, correspondentes à Parte 6, têm muito do que aprendi com ele.

VAI FUNDO!

CAPÍTULO 27
Seja a melhor opção disponível

Ser a melhor opção disponível significa parecer a melhor opção disponível. Vejamos um exemplo: as pessoas que estão vendo seu produto já viram produtos semelhantes antes, então o seu tem que *parecer* a melhor oferta disponível naquele momento.

Como fazer isso? A primeira coisa a se fazer é cuidar do *pós-clique*, que é basicamente para onde o contato é direcionado quando clica no seu anúncio. Muita gente é encaminhada direto para o WhatsApp, mas não acho uma boa ideia. Em alguns casos, pode até funcionar, mas você pode aproveitar melhor esse recurso *potencializando* sua oferta antes de encaminhar o cliente para o chat.

Em vez disso, encaminhe a pessoa para uma *landing page* em que você agregará valor. Mostre cases de sucesso de como o produto vem sendo vendido, explique como o produto vai chegar, apresente informações e ofereça garantias antes de encaminhar o cliente para o WhatsApp.

Para que consiga convencer o cliente de que realmente a sua oferta é a melhor opção disponível, busque fazer com que a pessoa olhe e pense: "Preciso disso agora!" Para tal, você precisa de um *gatilho*. As pessoas costumam procrastinar e desistir da maioria das coisas que pensam em fazer. Quando se trata de gastar dinheiro, a coisa piora. Assim, pode ser que esse contato simplesmente desapareça ou perca a vontade de agir. Evite isso estabelecendo um *tempo limite de ação*.

Outro recurso interessante é usar frases para ativar o gatilho mental da *escassez*. Imagine que você entrou em uma loja e gostou de um relógio. Depois de provar, diz ao vendedor: "Certo, mais tarde eu passo aqui e levo, tudo bem?" O vendedor, por sua vez, responde o seguinte: "Claro, venha, sim. A gente tem mais dez aqui no estoque."

Quando o vendedor faz isso, ele coloca na cabeça do cliente que ele pode comprar depois. No entanto, se o vendedor dissesse o seguinte: "Olha, esse aqui é o último que nós temos, e eu não tenho previsão de quando teremos esse modelo de novo", ansioso para não perder a oportunidade, o cliente se adianta e compra do jeito que der. Afinal, a escassez faz com que as pessoas que estão em cima do muro partam para a ação.

Sempre que você estabelece um tempo limite de ação, um prazo limitado ou ativa o gatilho da escassez, automaticamente *impulsiona* a venda. Isso acontece porque é comum do ser humano procrastinar. Quantas vezes você mesmo começou algum projeto que não concluiu, como um curso ou uma faculdade, por exemplo? Isso acontece porque o ser humano é assim mesmo. Então, use o comportamento humano a seu favor, não contra você.

Coloque na sua estrutura algum limitador de tempo e quantidade, porque isso vai fazer com que o cliente saia de cima do muro. Mais à frente tem um capítulo exclusivamente sobre gatilhos mentais para você utilizar e alavancar suas vendas.

O segundo principal gatilho que deve utilizar é demonstrar que seu produto já funcionou para outras pessoas, seja com vídeo, foto ou qualquer outro conteúdo. Demonstrar que o produto funcionou para outros ativa um gatilho, para quem ainda não o comprou, de que ele é a solução para o problema dessa pessoa. Depoimentos, prints, fotos, vídeos, qualquer conteúdo que mostre que seu produto ou serviço tem um *benefício claro*.

Esse tipo de estratégia gera a sensação de que seu produto é, de fato, a melhor opção disponível, o que acelera a decisão de compra.

CAPÍTULO 28
Analisando a concorrência

O foco deste capítulo é elaborar uma *oferta irresistível*, algo que seus leads simplesmente não vão ter como recusar.

> Antes de qualquer coisa: *oferta* é o composto, é a *apresentação* daquilo que você mostra para o cliente.

Oferta não significa desconto, deixe esse mindset de lado. Quando falamos sobre a construção de uma oferta irresistível, a primeira coisa que você precisa entender é que todo cliente tem uma pré-concepção de quanto deveria custar seu produto, seja ele um curso online ou um livro, por exemplo. A elaboração da oferta tem a ver com a *percepção de valor* que sua audiência tem a respeito do que você oferece. E, principalmente, com o quanto seu produto é *atrativo*.

Para conseguir espaço e visibilidade, você precisa fazer uma *análise da concorrência*. Independentemente do que você venda, pesquise a respeito do produto para entender como seus concorrentes estão *precificando* e *apresentando* produtos similares ou iguais, porque, quando seu cliente encontrar sua oferta, ele vai pesquisar para saber se é melhor do que as alternativas.

Em seguida, certifique-se de que sua estrutura esteja adaptada aos dispositivos móveis. Ou seja, ela precisa funcionar bem não apenas no computador, mas no celular também. Muitas pessoas só a testam no computador, o que é um erro grave. Hoje em dia, a maioria das pessoas compra pelo celular.

"Ah, mas eu vendo pelo WhatsApp..." Então *teste* diariamente os *botões* e *links* que encaminham o lead para o aplicativo, porque é possível, e até comum, que algum erro prejudique seu funcionamento. Adquira o hábito de testar seus links ao menos uma vez por dia para ter certeza de que tudo está funcionando como deveria.

Outra questão determinante para compor uma oferta irresistível é abandonar a ideia de superar o concorrente pelo preço. Foque o que é melhor para o cliente, foque o *valor genuíno*. Nem sempre o preço é o motivo que atrai o cliente para o seu lado. Pode ser que ele esteja muito mais preocupado com *prazo*, com *entrega*, com *garantia* ou com opções de *parcelamento* do que com o preço em si. Às vezes, um outro *atrativo* acaba sendo muito mais significativo na hora da escolha. Entenda que a venda não ocorre quando você faz o anúncio, mas quando o lead clica nele e cai no seu *ambiente de conversão*.

O anúncio tem apenas uma função: atrair pessoas interessadas para o ambiente de conversão. O que converte é sua *estrutura*, não o anúncio. O que executa a conversão é sua estrutura.

Por isso, ao analisar o concorrente, atenha-se àquilo que eles estão fazendo e você não está. Ou melhor, ainda não está. Pense em maneiras de produzir melhores resultados para seus clientes e, principalmente, se o que você faz está no *padrão do mercado*. Se não tem ninguém fazendo igual ou parecido, é *você* que vai ditar o padrão. Se outros já estão fazendo, siga a mesma linha, mas sempre buscando o *diferencial*.

E, então, qual vai ser o seu *diferencial*? É preço, garantia, qualidade, formato, maior número de casos de sucesso? Isso tem que ficar bem claro na sua *linha de comunicação* para que você faça bom uso do diferencial tanto nos anúncios quanto na estrutura de conversão. Esse é o ponto culminante para amplificar o resultado das suas campanhas.

CAPÍTULO 29
Tráfego orgânico versus pago

Agora vamos falar sobre os tráfegos orgânico e pago, suas principais diferenças e as vantagens e desvantagens de cada um.

O tráfego orgânico é basicamente o que você não paga, o gratuito. Trata-se dos seguidores que você já tem, daquela audiência que você já construiu. Qualquer pessoa que tem uma conta no Instagram está usando o tráfego orgânico.

A grande questão do tráfego orgânico é que menos de 6% da sua base acaba se engajando ou até sendo alcançada pelas suas publicações. Isso significa que focar a compra de likes ou apenas de seguidores não é o melhor caminho, porque, se o seu conteúdo não for altamente compartilhável, você estará restrito a esses 6%.

Nas academias, as pessoas comentam que "quem cresce de forma natural é planta". Aqui não é diferente. Enquanto você não aderir ao *tráfego pago* de qualidade, dificilmente vai conseguir um *pico de crescimento* em um curto período.

A principal diferença entre os dois tipos de tráfego é que, no orgânico, você não tem 100% de controle nem consegue segmentar. Com o tráfego pago, você controla não apenas o *interesse* e a *usabilidade*, como também o *direcionamento* dos anúncios, ou seja, que perfil de público você deseja que tenha acesso ao conteúdo e que perfil deseja que não tenha.

169

O VENDEDOR TÁ ON

Segmentar é muito melhor porque *otimiza seu funil de vendas*. Depender do tráfego orgânico só funciona se você tiver uma base gigantesca de seguidores, o que não é o caso da grande maioria. Se você depender dos seus amigos e apoiadores iniciais para comprar, só 6% deles verá seu conteúdo. É justamente por isso que tanta gente usa o Instagram, mas não tem resultados.

Postar uma coisinha bonita ou uma frase bacana diariamente pode até fazer parte do negócio, mas não dará resultados significativos só com o tráfego orgânico, porque ele demora muito mais para crescer e não lhe dá controle sobre esse crescimento.

Enquanto isso, o tráfego pago é muito mais rápido. Com ele, você consegue *direcionar* suas ações. Assim, fica mais fácil monitorar o crescimento.

Agora vamos falar de algo importante e muito comentado, que é a *compra de seguidores*. Ter seguidores comprados em uma plataforma não aumenta seu engajamento, porque eles são robôs e não interagem com seu conteúdo. A questão aqui é, no começo, ter alguns seguidores apenas para transmitir *credibilidade*. As pessoas se deixam guiar por volume. Nesse quesito, o tráfego orgânico até ajuda.

Já no Facebook existe um tipo de campanha chamado "curtidas na página", em que você pode destinar parte da sua verba para conseguir curtidas. Essas curtidas são de pessoas *reais*. O Instagram não dá essa possibilidade, pois entende que você deve atrair curtidas pelo seu conteúdo.

Existem duas maneiras de conseguir seguidores mais rápido no Instagram: a primeira é comprar os seguidores em um pacote apenas para subir seu número. A segunda é conseguir seguidores de verdade utilizando algumas ferramentas que oferecem um serviço mais ou menos assim: você escolhe alguns temas do seu interesse, e seu perfil passa a seguir pessoas que interagiram ou se engajaram recentemente com alguns perfis ou temas que você selecionou, com o objetivo

Tráfego orgânico versus pago

de que as pessoas o sigam de volta. Em seguida, ele vai deixando de seguir essas pessoas e, com isso, vai aumentando sua base de seguidores. É quase como o tráfego orgânico, só que você interage com pessoas de verdade que realmente, vão segui-lo e cuja compra pode ser interessante no início de um negócio.

Outro erro comum é utilizar aqueles botões que, no Instagram, têm o nome de "promover" e, no Facebook, chama-se "impulsionar publicação". Esses botões têm somente uma finalidade: fazer você gastar seu dinheiro. Eles servem para que seu anúncio apareça para várias pessoas, e o formato da cobrança é por exibição.

Assim, o foco é meramente o alcance. Essas ferramentas de divulgação são muito limitadas. Se for usar o tráfego pago, é fundamental adotar uma estrutura mais robusta, com mais segmentações. Os anúncios do Instagram podem ser criados em http://business.instagram.com/ e os do Facebook em http://business.facebook.com/.

Em suma, sempre opte pelo tráfego pago. O orgânico só serve para criar engajamento.

CAPÍTULO 30
Google versus Instagram

Agora vamos ver as diferenças entre anunciar em cada um dos três principais players de mídia que temos hoje na internet.

Abordo o Facebook e o Instagram como apenas um porque as questões de segmentação são as mesmas em ambas as plataformas. Entre esses três, temos também o YouTube e o Google Ads.

> **Vamos começar pelo Google Ads. No que ele se diferencia em relação ao Facebook e ao Instagram?**

O Google Ads é o sistema de anúncios do Google e tem três vertentes. A primeira vertente é voltada a pessoas que buscam uma palavra-chave específica, que destaca seu site na lista de pesquisa. Além de poder selecionar várias palavras-chave, você também pode selecionar raios de quilometragem, direcionando suas campanhas para a região que seu serviço cobre.

O Google Ads também conta com um sistema chamado *rede de display*, que são aqueles banners no canto superior direito de alguns sites, identificados por um *i* ou um ícone do Google.

Para usá-lo, é simples: basta escolher em quais categorias de conteúdo você quer que seu banner apareça. Tudo que tiver correlação com o conteúdo e seja permitido para veicular anúncio do Google vai veicular seu anúncio.

Mas será que o Google Ads é uma boa estratégia para seu negócio? Sim, principalmente para negócios locais. Imagine só se você tem um site bem preparado e que atrai muitas visitações ou que já está bem posicionado no Google. Como usar o Google Ads junto com o Facebook e o Instagram? É importante que você tenha uma linha de código, que a gente vai chamar de *pixel*.

Toda vez que alguém visita seu site, um cookie é armazenado no dispositivo da pessoa, que coleta informações e as encaminha para seu banco de públicos personalizados. Assim, você pode selecionar pessoas que visitaram seu site e mostrar anúncios específicos dentro das suas redes sociais, mesmo que tenham vindo por meio do Google Ads. Isso se chama *remarketing*.

Outro detalhe importante do Google Ads são as *fontes de receita*, que são as palavras-chave mais quentes do mercado relacionadas ao seu conteúdo. Digamos que uma pessoa esteja procurando curso de fotografia em São Paulo. Ela tem mais probabilidade de fechar uma compra do que alguém que só procurou "curso de fotografia", porque, quanto mais específica a busca, mais preparada e mais quente a pessoa está.

Agora imagine que você tem um restaurante, que é um negócio que impacta muito mais pela imagem do que por uma palavra em si. Nesse caso, melhor trabalhar com anúncios dentro das redes sociais, com um público segmentado. Se trabalhar apenas com o Google, ficará refém das pessoas que procuraram seu segmento e que vivem na mesma área em que você atua, ou seja, você fica limitado, não consegue pescar o público, precisa esperar que ele vá até você.

Então, a diferença entre Facebook e Google Ads é que o primeiro trabalha com comportamento e segmentação, enquanto o segundo

Google versus Instagram

é acionado por busca e tipo de site que a pessoa está procurando. Outro detalhe crucial é que o Google Ads não possui engajamento.

Só com o Facebook dá para ter resultado? Só com o Instagram? E só com o Google Ads? Sim, mas é importante que você combine ações para ter uma visão 360º.

Agora, com relação ao YouTube, você pode fazer anúncios direcionados a ele, daqueles que antecedem o vídeo. Existem algumas opções: anúncios completos, anúncios de quinze segundos sem a opção de pular e anúncios de trinta segundos com a opção de pular. O YouTube oferece duas segmentações: por canais e por vídeos. Você pode também segmentar por temas ou palavras-chave relacionadas.

O grande problema do YouTube é ficar refém do que as pessoas buscam ou estão assistindo. Ele é excelente para amplificar ações, mas nunca como ação única. O YouTube é uma excelente fonte de *remarketing*, assim como o Facebook.

Remarketing é quando você entra em um site e, posteriormente, se depara com um banner dele site em outro, que não tem nada a ver.

Agora vejamos o Facebook e o Instagram. Eles oferecem uma linha muito maior de segmentação com base em comportamento, dados demográficos, geolocalização, hábitos de consumo etc. Porém o que mais destaca essas ferramentas é o *engajamento*. Você pode ver o que as pessoas estão dizendo sobre o anúncio. Além disso, elas têm a opção de marcá-lo, ou seja, você consegue fazer com que pessoas marquem amigos que precisam do seu produto, fazendo com que a prova social fique evidente, no caso de você mostrar pessoas falando bem do seu negócio para potenciais clientes.

CAPÍTULO 31
Tipos de anúncios

Existem vários tipos de canais em que você pode divulgar seu negócio: TV aberta, TV fechada, panfletagem, redes sociais etc. Mas qual a diferença entre eles e qual o melhor?

Se sua empresa é de médio ou grande porte, arrisco dizer que você já fantasiou aquele anúncio no intervalo da novela das oito. A visibilidade com certeza é grande, mas essa pode não ser a melhor opção.

Trabalhei prestando consultorias para empresas quanto às ações de impacto de marketing para desenvolver uma estratégia equilibrada e eficaz. Vamos analisar alguns pontos de cada canal.

A TV aberta é como se fosse um canhão de audiência. Você coloca muita gente dentro do funil. Funciona? Depende. Imagine que você tenha um restaurante. O mais provável é que atenda a um raio de 8km ao redor da localização, certo? Aparecer na novela das oito dá muita visibilidade de marca para a sua empresa, mas todo mundo que está assistindo vai poder ir ao seu restaurante? Muito provavelmente, não. Isso o faz desperdiçar muita mídia. Assim, o melhor é pensar em algo local.

Outra grande desvantagem da TV aberta é que as pessoas tendem a se distrair durante os comerciais. O mais comum é que você corra para tomar uma água, um café, aproveite para ir ao banheiro, falar com alguém, olhar o WhatsApp e, automaticamente, acabe não prestando atenção. Essa constatação deu origem a um termo conhecido como *mídias de segunda tela*.

Repare, principalmente nos reality shows, que existem interações com o público televisivo em suas redes sociais, use alguma hashtag ou algo parecido. Isso acontece porque eles têm certeza de que as pessoas assistem ao programa vendo uma segunda tela.

Assim, qual é o problema de anunciar na TV? Você está competindo com a atenção que o espectador dá aos amigos, familiares, redes sociais etc. Então, dependendo do caso, o melhor a se fazer é direcionar para as redes sociais. Outro grande empecilho de anunciar na TV são os preços, que costumam ser bem elevados, justamente para segmentar os anunciantes.

Já na TV fechada existe uma audiência muito mais específica. O conteúdo é muito mais nichado, voltado a públicos mais seletos e da mesma linha de interesse. Assim, nenhum fator da TV, tanto aberta quanto fechada, promove uma segmentação diferente do que é possível fazer nas redes sociais.

Aí é que vem a dúvida: é melhor anunciar no Facebook, no Instagram, investir em panfletos, em outdoors, na TV?

Essa é uma das principais questões de quem está começando um negócio ou uma ação de marketing. Vamos analisar um exemplo: digamos que você vai fazer 5 mil panfletos. Geralmente, os impressos acabam no lixo ou no fundo do armário, certo? Bem, vamos supor que esses panfletos tenham custado R$400.

Pense: 5 mil panfletos = alcance de 5 mil pessoas. Só que não. É comum que o entregador de panfletos os distribua de dois em dois para terminar logo. Isso é fato. Então, 5 mil panfletos = alcance de 2,5 mil pessoas.

Assim, você gastou R$400 para atingir 2,5 mil pessoas. Vamos ser otimistas e pensar que 500 pessoas realmente leram seu panfleto. Aí

Tipos de anúncios

entra um outro detalhe crucial: você não faz ideia de quem são essas pessoas, não teve nenhum feedback nem sabe se elas passaram o panfleto para algum conhecido que podia se interessar.

Este é o pulo do gato das redes sociais: as pessoas marcam, recomendam, e sua mensagem está fixa. Ela vai para as outras pessoas exatamente como você quer que elas vejam. Com o panfleto, você gastaria R$0,80 por lead, mas não teria como contatar essas pessoas. Por isso, o panfleto acaba sendo muito mais caro.

Por outro lado, se investir esses R$400 em um anúncio no Facebook ou Instagram, considerando que tivesse o mesmo alcance, teria 500 potenciais clientes segmentados, com a possibilidade de ser indicado para amigos e conhecidos deles. Tanto o panfleto quanto o outdoor, por exemplo, invalidam essas vantagens.

Para alguns modelos de negócios, como pizzarias e restaurantes locais com delivery, essa estratégia ainda funciona. Contudo, ainda recomendo uma *ação combinada* de panfleto e anúncios com raio de quilometragem que capture pessoas já segmentadas.

Além disso, ainda tem aquelas pessoas que vão entrar em contato com você pelo WhatsApp ou se cadastrar no seu site. Com isso, você pode fazer uma listagem dessas pessoas, exportar para o Facebook e solicitar que ele busque uma base similar de público. Lembra que, quando você cria uma conta em uma rede social, vincula seu número de telefone a ela? O Facebook e o Instagram identificam seu perfil e captam pessoas que têm o perfil parecido.

Qualquer rede social promove vantagens muito mais significativas em termos de divulgação. Além dos efeitos, proporcionam uma segmentação diferenciada, um engajamento mais eficaz e uma recomendação muito mais convincente dos próprios prospectos para pessoas que já conhecem, aumentando muito a chance de interação dos clientes potenciais com seu empreendimento.

CAPÍTULO 32
Definindo público-alvo

Definir o público-alvo é o primeiro passo ao elaborar sua estrutura de anúncios. Vou lhe mostrar algumas estratégias para conseguir uma definição eficaz.

O primeiro passo é definir o sexo do público-alvo que você pretende alcançar: masculino, feminino ou mesmo os dois. Para isso, recomendo que utilize o *audience insights*.

Porém, por mais específica que seja sua segmentação, existe um ponto que sempre será uma incógnita: a renda. Digamos que seu produto ou serviço seja voltado para pessoas com renda mais alta. Para encontrar o perfil de poder aquisitivo ideal, você vai utilizar uma estratégia de *engenharia reversa*.

Renda não significa *hábito de consumo*. Quantas pessoas você já conheceu que tinham dinheiro guardado, mas não tinham o carro do ano ou uma casa grande? Quantas pessoas você conheceu que tinham o carro do ano, que ostentavam bens materiais, mas que viviam quebradas?

Os *hábitos de compra* são diferentes. Enquanto um perfil é mais comprador e suscetível a ofertas, o outro é mais conservador e, portanto, menos suscetível a cair na tentação de gastar. A renda em si pode não ser a chave da questão, porque quem compra muito costuma ter cartão de crédito com limite alto, nome limpo, opção de parcelar etc.

Então, o que fazer para definir um público com um poder aquisitivo condizente com seu produto? Pense no seguinte: é mais provável que quem tem um celular mais caro tenha também um cartão de crédito com limite mais alto, certo? Isso porque quase ninguém compra à vista. Isso vale para quem tem o hábito de viajar bastante, principalmente quando se trata de viagens internacionais.

O Facebook coleta dados por meio do GPS integrado nos celulares e das marcações de viagens, permitindo segmentar o público por meio dessas informações. Assim, quando for direcionar seus anúncios para um público com padrão de renda específico, opte por anunciar apenas para quem usa determinada versão do sistema iOS para cima, por exemplo. Dessa forma, você segmentará também por *perfil comportamental*.

Muitas pessoas acabam segmentando pelo perfil de interesse dos usuários, mas pense comigo: quem segue a página da BMW, da Audi ou da Porsche não necessariamente tem um carro de uma dessas marcas, certo? O mais provável é que não tenha. Então evite esse tipo de segmentação quando a questão for renda.

Em geral, o Facebook oferece mais informações sobre os leads, porque as pessoas costumam postar mais informações na linha do tempo do Facebook do que no Instagram. No Instagram, as interações são mais curtas.

Agora, falando sobre hábitos dentro das redes sociais, o que mais potencializa suas vendas é o *hábito da recomendação*. Imagine que um amigo seu teve algum problema ou esteja procurando um restaurante para sair com a namorada. Você acabou de se deparar com um anúncio de um restaurante próximo que parece muito bom e marcou seu amigo. No Brasil, esse padrão de recomendação é ainda mais forte, porque, além de marcar o amigo, as pessoas tendem a cobrar um

Definindo público-alvo

retorno. Quando alguém vê que foi marcado, comenta ou curte seu comentário para mostrar que viu.

Essas pessoas que interagiram vão para o público chamado "pessoas que interagiram com seu perfil" ou "pessoas que interagiram com sua página". Ou seja, você usa a própria audiência para trazer pessoas interessadas. Por isso, você deve colocar o máximo de informações possível para produzir um anúncio que motive interação com sua marca.

Digamos que você tenha uma empresa de consultoria. As pessoas costumam ter muitas dúvidas sobre como abrir uma empresa, trabalhar dentro desse sistema etc. Pense em um anúncio que diz o seguinte: "Dúvidas sobre como abrir sua empresa? Comenta aqui embaixo que vamos tirar todas as suas dúvidas gratuitamente!" Esse tipo de conteúdo atrai os clientes potenciais para perto de você.

Outra segmentação muito eficaz é por *geolocalização*. Ela pode ser muito melhor do que jogar as pessoas para um site, por exemplo, porque já faz parte do cotidiano delas passar pelo lugar para o qual você quer atrair atenção.

 | Sempre considere esses ciclos de interação nas redes sociais antes de fazer qualquer tipo de anúncio.

CAPÍTULO 33
Quanto investir em anúncios

Esta foi a pergunta que mais ouvi desde que comecei a trabalhar com o Facebook e o Instagram: "Quanto preciso investir para ter resultado?"

A primeira regra é analisar suas finanças e verificar quanto você pode investir em anúncios sem prejudicar seu negócio caso o retorno de clientes seja muito baixo. Pense nisso como uma verba de guerra.

Em seguida, calcule a quantidade desejável de leads em função dessa verba. Exemplo: imagine que sua verba é de R$1.500. Qual seria, então, o *custo por aquisição* ideal?

Se você ganha R$200 a cada vez que vende o produto, para ter uma margem de lucro de 100% (que é o mínimo ideal), seu custo por aquisição deve ser R$100, mas vamos supor que você esteja disposto a pagar R$150 dessa vez.

Desses R$1.500, vamos supor que você pagou um custo por lead de R$1,50, gerando mil leads interessados no seu serviço.

Com uma taxa de fechamento de 5% do total, ou 50 leads, e ganhando R$200 a cada produto vendido, você tem R$10 mil de saldo final, lucrando R$8.500 quando subtrai o valor do investimento.

Calculando a margem de CPA (custo por aquisição) e a margem de CPL (custo por lead), você consegue projetar e se preparar para cenários de dificuldade, mesmo com um custo por lead já acima da média.

Calcule essa margem sempre utilizando uma projeção com o valor total, a quantidade de vendas, o CPL e o CPA, e lembre-se de que esse valor não deve submeter sua empresa ao risco de fechar as portas.

CAPÍTULO 34
Calculando o retorno

Aqui, entramos na parte mais importante de qualquer campanha do Facebook ou Instagram, que é calcular as margens de CPA e CPL e saber como usá-las para orientar suas campanhas.

Suponhamos que a verba que você vai destinar para essa ação é R$2 mil e que o valor máximo por lead é de R$0,50. Assim, você consegue mil leads.

Em seguida, calcule sua *margem de lucro*. Digamos que você venda seu produto por R$2 mil e que, a cada serviço, ganhe R$1 mil. Assim, sua margem de lucro é de R$1 mil por venda.

Agora, suponhamos que, a cada mil leads gerados, você faça cinco vendas, o que lhe dá um CPA (ou custo por aquisição) de R$400 por aquisição (2.000 : 5 = 400).

CPA	**R$400**
INVESTIMENTO TOTAL	**R$2.000**
LEADS	**1.000**
VENDAS	**5**
VALOR DA VENDA	**R$1.000**
FATURAMENTO	**R$5.000**
LUCRO (FATURAMENTO - INVESTIMENTO)	**R$3.000**

A maioria das pessoas não entende a importância de fazer esse cálculo, porque uma coisa é o faturamento e outra coisa é o lucro. E, entre esses dois parâmetros, existem muitos outros fatores determinantes, como você viu na tabela anterior.

Nesse caso, você teve 150% de lucro. É uma campanha bacana? Com certeza. Assim, o primeiro cálculo que você deve fazer é quanto pagar em cada lead. Ser criterioso quanto a esses parâmetros lhe dá a oportunidade de diagnosticar falhas em sua estrutura. Repare que, nesse exemplo, os menores números são R$0,50 e cinco vendas, que resultam em uma *média de conversão* de 0,5%. Quando consideramos os mil leads, o que pode ser melhorado na campanha? Nada mais do que o *atendimento* e o *fluxo de vendas*.

Ao otimizar o fluxo de vendas, você obtém mais aquisições utilizando a mesma verba e aumentando o lucro. Essa é a base de cálculo que você deve utilizar, que sugere otimizações na estrutura para potencializar os resultados.

Outro aspecto que pode ser melhorado é reduzir o custo por lead. Para tal, você deve criar campanhas com o maior volume de engajamento possível. Porém, para isso, não há base de cálculo, só a prática resolve. Essas técnicas vão ajudá-lo muito.

Quanto ao custo por aquisição, é ele que deve direcionar seu CPL. É importante lembrar que os indicadores de desempenho CPL e CPA devem trabalhar juntos para direcionar suas campanhas.

CAPÍTULO 35
Definindo sua abordagem comercial

A definição de uma abordagem comercial adequada deve ser feita antes de criar o anúncio. Para defini-la de maneira eficaz, você vai se basear em três princípios: *o que* vender, *para quem* e *como*.

A primeira coisa é definir *o que* você vai vender. Não adianta não ter ideia, fazer algo aleatório ou ter vários serviços e não definir nenhum. Escolha um ou dois dos melhores que você tiver e mantenha o foco.

Não faça como a maioria, que tenta empurrar um monte de coisa encalhada. Comece pelo que tem maior fluxo e interesse da sua

O VENDEDOR TÁ ON

audiência para facilitar o processo, o que tem mais *escoamento*. Quando digo escoamento, não me refiro às coisas que vão para o ralo, não, mas àquilo que é mais fácil de vender.

Vamos ver alguns exemplos dessa definição de público.

O que você vai vender

- Curso online de como fazer unhas em gel
- Delivery de pastel
- Consultoria para abertura de empresas
- Personal trainer online (ou presencial)
- Esteticista ou dentista (botox/harmonização)

Para quem você vai vender

- Mulheres acima de 22 anos (Sudeste)
- Homens e mulheres acima de 18 anos, que morem até 3km ao redor da pastelaria
- Homens e mulheres acima de 25 anos, que sejam donos de página do Facebook (São Paulo)
- Mulheres acima de 25 anos, 3km ao redor de onde eu moro
- Mulheres e homens acima de 25 anos, 3km ao redor de onde eu atuo

Como você vai vender

- Direto na página de vendas
- iFood, WhatsApp
- WhatsApp, ligação
- WhatsApp, ligação, direct
- WhatsApp, ligação, direct

Definindo sua abordagem comercial

Ao definir o "para quem", tenha em mente o apelo do produto. No primeiro exemplo, esse curso é para alguém que vai comercializar essas unhas ou para alguém que vai fazer as próprias unhas e as da amiga em casa? A abordagem é diferente. Vamos dizer que seja para uma manicure aprender e se especializar na técnica.

Então, o anúncio é voltado a mulheres. Mas de que idade? Dependendo do valor do seu produto, prefira pessoas acima de 24 anos, porque a maioria entre 18 e 24 anos não tem condição financeira de arcar com valores maiores.

Até agora, nosso público é de mulheres acima de 22 anos, por exemplo. Mas e a localização? Onde estão essas mulheres? Em vez de divulgar para o Brasil todo, você pode fazer um teste só na região Sudeste, por exemplo. Isso vai ajudá-lo na parte de comunicação do anúncio, ao definir para quem vai ser direcionado.

Agora, no terceiro exemplo da tabela, não há como mapear com precisão o interesse de alguém que quer abrir uma empresa, porque pode ser qualquer pessoa. Uma boa alternativa é buscar donos de páginas no Instagram e no Facebook, entender o que fazem e sua cidade de atuação.

Cada caso é um caso. Porém, em todos os exemplos, é fundamental entender para quem o produto é orientado.

Na terceira etapa, "como vender", você deve se atentar à maneira como o cliente potencial comprará seu produto. No caso do curso online, ele pode ser vendido direto na página de vendas, em apenas alguns cliques. Já no segundo exemplo, o pastel não tem página de vendas, então precisa do iFood ou outro aplicativo semelhante. No terceiro exemplo, a consultoria para abertura de empresas demanda um contato mais pessoal com o cliente potencial, assim como os exemplos seguintes.

Definindo bem esses parâmetros, fica mais fácil estruturar os anúncios, pois o objetivo passa a ser *impactar um público específico*, direcionando essas pessoas para o seu funil de vendas.

O VENDEDOR TÁ ON

MANDAMENTOS DO VENDEDOR PIT BULL

1. **Reconhecer o momento certo para fechar** uma venda aumenta a probabilidade de sucesso, porque o cliente terá os benefícios claros em mente, as objeções estarão solucionadas, o desejo de posse estará no auge e as vantagens emocionais estarão do seu lado.

2. **Cuidado para não apelar sempre para o velho chavão:** "Compre agora porque o preço vai aumentar amanhã!" Ele já foi tão usado que as pessoas já não acreditam mais! Mas, se for verdade, use-o, e o cliente, depois de constatar, agradecerá!

3. **Você não precisa esperar cumprir todas as etapas** da venda para fazer o fechamento. Ao final de cada etapa, faça uma sondagem para verificar se o cliente precisa de mais informações ou se está pronto para fechar o pedido. Lembre-se: argumentar sem necessidade é uma forma de criar objeções que não existiam.

4. **Não pense que o cliente está fazendo um favor** comprando de você. Empresas não são administradas com o coração! Se ele fechou o pedido com você, é porque viu uma oportunidade de fazer um bom negócio ou resolver um problema.

5. **Algumas pessoas precisam de um tempo para refletir.** É comum você se deparar com clientes que fazem uma grande pausa antes de tomar a decisão final e assi-

Definindo sua abordagem comercial

nar o pedido. Não se apavore! Não desembeste a falar achando que perdeu o pedido. Esse é o tempo que as pessoas precisam para pensar. Respeite!

6. **Os vendedores, de modo geral, não têm confiança** na própria capacidade de fechamento! Por falta de treinamento ou traumas e medos provocados por possíveis fracassos, acabam falhando na hora de bater o pênalti. A solução é aprender as diversas técnicas de fechamento e treinar muito.

7. **A ansiedade de caminhar rapidamente** para o fechamento pode espantar o cliente e pôr a perder todo um trabalho. Não demonstre pressa. Não fique olhando para o relógio ou pressionando o cliente para fechar. Embora pareça uma troca, é o cliente quem está cedendo o tempo dele.

8. **Para perceber a oportunidade de fechar**, fique atento a dois tipos de sinais: verbais e visuais. Exemplos de sinais verbais: comentários positivos, perguntas, solicitação de informações, explicações mais detalhadas, ação participativa. Exemplos de sinais visuais: olho no olho, atenção, entusiasmo, segurança, gestos largos e voltados para você.

9. **Estamos na Era do Conhecimento!** Isso significa que quem tem mais informações disponíveis e sabe usá-las no momento certo e da forma correta estará mais próximo do sucesso. Se você é daqueles que odeia atualizar o banco de dados, está andando na contramão do profissionalismo e do sucesso.

10. **Um dos grandes desafios do vendedor é manter** contato com os clientes sem ser considerado chato ou invasivo. Mas se você, após se certificar de que o cliente recebeu o pedido, ligar para verificar se tudo foi entregue de acordo e se ele está satisfeito, demonstrará interesse e profissionalismo. Nessa hora, quem sabe, o cliente se lembra de algo mais que precisa!

Gatilhos MENTAIS do marketing DIGITAL

O ser humano tem mania de procrastinar, e imagino que você já saiba disso. Não é exclusividade de alguns, mas inerente ao que somos. Quanto mais opções e tempo temos para escolher, mais para frente jogamos o peso da responsabilidade de ter que decidir.

Quando o assunto são vendas e, no nosso caso, conduzir os leads para a compra, você precisa de recursos que o levem a efetuar a compra, não que façam o contrário.

Você precisa ser prioridade quando o cliente cogita adquirir seu produto ou serviço. Caso contrário, ele tende a desistir, principalmente com a quantidade de informação e concorrentes que temos hoje, tanto no mundo digital quanto no presencial.

Os gatilhos mentais, que são o tema desta parte do livro, ativam regiões do cérebro que conduzem a decisões quase automáticas. Eu não inventei isso. Os gatilhos mentais são alvo de diversos estudos científicos, caso queira saber mais a respeito.

Recomendo a você o livro *As Armas da Persuasão*, de Robert Cialdini. Nele, você tem acesso a muitos outros gatilhos mentais e exemplos de utilização na prática. Aqui, abordo os principais, que funcionam com bastante eficácia nas redes sociais, e apresento exemplos de como utilizá-los nos anúncios.

CAPÍTULO 36
Escassez

Algo escasso, resumidamente, é algo que não está disponível em abundância. Nós, seres humanos, ficamos mais inclinados a tomar uma atitude quando estamos *perdendo algo*.

Digamos que sua situação financeira não vá bem. Nesse momento, você começa a ficar desesperado e a procurar alternativas para alavancar sua vida financeira. O mesmo acontece nos relacionamentos: quando uma das duas partes começa a se afastar, a outra passa a correr atrás.

Agimos para evitar perder, porque ninguém gosta de perder. Isso nos leva à *ação*. Por isso, a escassez acelera o processo de decisão dos clientes potenciais.

Algo que vejo com frequência são páginas bem estruturadas e com tráfego bem segmentado, mas com ofertas que estão disponíveis todos os dias. Isso faz com que os visitantes adiem a compra ou nunca a façam, o que reduz o nível de conversão.

Um grande exemplo de escassez é o que o McDonald's faz com suas promoções. Todas são *específicas* e duram por *tempo limitado*. É exatamente essa limitação que leva o público a tomar a decisão de não perder a *oportunidade*.

O VENDEDOR TÁ ON

Pense no que acontece no período de Copa do Mundo: as pessoas correm para comprar camisa, boné, vuvuzela etc., mas ninguém pensa nisso nos meses anteriores à Copa, mesmo sabendo a data de início. O mesmo acontece no Natal. Esse comportamento é inerente ao ser humano, deixar as coisas para depois.

Existem alguns apelos e estratégias que você pode usar em suas campanhas para conduzir os clientes a tomar a decisão de comprar. Vamos ver alguns deles.

O primeiro é o gatilho do "hoje". Imagine que você viu uma publicação mostrando o rodízio de uma churrascaria, que costumava cobrar R$150 por pessoa, cobrando R$120. Porém essa publicação tem um detalhe: que esse preço é "só hoje". Ou você vai hoje ou vai pagar o valor integral, sem desconto.

A churrascaria entende esse desconto como um *custo por aquisição*, que explico no Capítulo 33. A ideia é aumentar a conversão de clientes por meio da vantagem do desconto e do tempo limitado para o adquirir.

Outro fator determinante é o *desconto agressivo*. Estudos apontam que grandes liquidações e descontos com alto percentual causam sensações similares a orgasmos. Impressionante assim.

Imagine que uma loja esteja anunciando 10% de desconto em alguns itens. Enquanto isso, outra loja anuncia todos os itens a partir de 70% de desconto. Qual vende mais? Obviamente, a segunda, pois, quanto mais agressivo for o desconto, mais fácil que o gatilho da escassez funcione.

Só que você não pode anunciar um desconto sem definir uma *data limite*. Caso contrário, dará aos clientes potenciais a opção de comprar depois, o que diminui a possibilidade da compra. Pense nos descontos como eventos, com início e fim bem estabelecidos.

198

Escassez

Comumente, existem dois picos de vendas em uma promoção: no início e quando ela está próxima ao fim. O que as lojas costumam fazer é anunciar o seguinte: "De acordo com o sucesso da promoção, resolvemos prorrogar a data até o dia X." Não perca o critério, atenha-se ao valor e à data previamente definidos.

Repare que, nas redes sociais, existe muito barulho e agitação. Quando você se destaca, atrai a atenção das pessoas e as desperta para agir. Não adianta só promover um conteúdo bacana e não conduzir o cliente para a compra.

"Somente X unidades restantes" também é um outro bom exemplo de gatilho da escassez. As pessoas tendem a comprar nesses casos para não perder a oportunidade.

Um outro fator importante é explicar o *motivo* da escassez. Digamos que você tenha uma clínica de estética e vá fazer uma divulgação de aplicação de botox, angariar novos clientes e vender outros tratamentos. Geralmente, quando define um limite, tem que explicar o motivo da escassez. Exemplo: "Devido à procura, somente tantas oportunidades restantes." Outro exemplo: "Devido à limitação do estoque, a promoção só se aplica aos vinte primeiros." Quanto mais detalhes apresentar na sua oferta irresistível, maior a probabilidade de conversão.

CAPÍTULO 37
Autoridade

Resumidamente, *autoridade* é uma impressão de alguém que você entende que tem poder, informação ou algum tipo de influência dentro de um contexto.

Digamos que esteja dirigindo e escute a sirene de uma viatura vindo atrás de você. A polícia tem autoridade, então você dá passagem. Se um carro comum buzinar, dificilmente você dará passagem, porque o seu gatilho de autoridade não foi acionado.

A mesma coisa vale para qualquer tipo de empresa ou de profissional. Digamos que você vá ao consultório odontológico, encontre tudo desarrumado e seja atendido por alguém que parece não entender bem o serviço. Essa primeira impressão é causada pela soma de vários elementos que determinam o quanto aquela empresa vale para você, tanto em termos de qualidade quanto em termos financeiros.

Para aumentar sua autoridade, evoque alguns elementos que a reforcem. Duas sugestões: evoque os resultados financeiros que sua empresa conquistou e os resultados conquistados pelos clientes. Não adianta ser muito bom no que você faz se não conseguir mostrar aos clientes potenciais que é bom. Autoridade sem resultado não existe.

A primeira coisa na qual as pessoas costumam reparar é a plataforma em que você aparece, a *apresentação* da sua página ou site. Seu site é desorganizado e feio? Ele funciona bem na versão para celular?

Ele é mal diagramado? Fique atento a esses pontos para não transmitir uma imagem negativa.

Sua imagem deve vender você sem que seja necessário abrir a boca. Se precisa justificar alguma coisa, é porque está fazendo algo errado. Atualize suas plataformas regularmente. Hoje em dia, existem diversos programas bastante intuitivos para ajudá-lo sem precisar gastar muito.

Outro fator importante é a sua *estrutura*, que precisa estar clara e fazer sentido. Pequenos elementos podem posicioná-lo como autoridade. Imagine, por exemplo, que você fez um vídeo para o Instagram ou o Facebook. Se ele estiver mal projetado, com uma letra faltando ou algum outro erro notável, sua autoridade diminui. Cuidado, pois a parte estética é sempre muito importante. A estrutura do seu negócio deve estar alinhada com a sua imagem. Uma foto e uma frase bonita não bastam, você precisa de uma boa apresentação ou sua imagem será minada.

Existe um nivelamento chamado *régua do mercado*, que é o padrão do iniciante, do mediano e do experiente. Repare que, no seu mercado, existe um padrão de quem está começando, de quem é mediano e de quem é realmente bom.

Vamos analisar um exemplo prático: imagine que você vá abrir uma padaria. Existem duas opções, que são abrir essa padaria em um bairro nobre e abri-la em um bairro da periferia. Se abrir uma padaria com estrutura simples em um bairro nobre, vai repelir o público, que está acostumado com o padrão elevado. Se fizer o contrário, também vai afastar o público, que acredita não ter poder aquisitivo para consumir no estabelecimento. Para evitar essa situação, posicione-se de acordo com a régua do mercado.

Muita gente deixa de contratar um profissional para fazer do próprio jeito e acaba ficando estagnada entre os iniciantes. Essa estrutura de "evolução aos poucos" é do século passado, em que o nível de autoridade das pessoas era determinado pelo diploma. Isso não fun-

Autoridade

ciona mais. Seu *valor de mercado* é determinado pelos *resultados* válidos conquistados por meio de *cases* anteriores.

Sua autoridade atrelada a cases anteriores é o que define quanto você vale entre os top players. Você constrói autoridade praticamente de modo instantâneo quando começa se posicionando adequadamente na régua do mercado.

Então, independentemente do seu nível de estudo, se quiser se posicionar rapidamente, não confie somente no seu diploma, porque hoje o diploma é algo comum, algo comercial. A maioria das pessoas não está preocupada em saber o quanto você estudou — isso é algo que ajuda a mostrar que você tem competência, sim, mas o fator determinante, que vai fazê-las tomar a decisão de comprar de você, é ter a certeza de que você oferece *resultado*. Ser excelente no que faz e proporcionar resultados reais a outras pessoas é um dos maiores diferenciais para construir autoridade.

Agora vamos falar sobre vídeos. Existe uma grande diferença entre fazer vídeos caseiros e vídeos profissionais. Lembre-se de que um vídeo bem produzido é material para a vida toda. Pense naquele filme a que você assistiu dez anos atrás e ainda se emociona quando assiste. Isso acontece porque ele foi bem escrito, bem produzido e passa uma mensagem forte. O mesmo acontece com os vídeos do seu negócio.

Os vídeos de alto impacto, em que você comunica cases e histórias bem-sucedidos, são imprescindíveis para construir autoridade. O que conecta as pessoas são as histórias e o que comprova sua habilidade de gerar bons resultados são seus cases. Não há como fazer algo meio-termo quando você quer ser top player de mercado.

Posso fazer algo mediano com as minhas condições atuais e ir melhorando aos poucos? Sim, desde que trabalhe com uma régua de mercado que possibilite isso. É melhor fazer alguma coisa do que não fazer nada.

Você precisa contratar uma produtora de cinema para fazer sua estrutura? Não, mas faça algo bem-feito. Comece pelo *benchmark*, que é um estudo dos concorrentes nacionais e internacionais. Veja o que eles já fizeram, passe o conteúdo para uma produtora e peça que estruturem algo similar para você.

As pessoas também o verão como autoridade em alguns nichos nos quais você venda algum tipo de *solução* ou esclareça dúvidas através de *conteúdo*. Mais uma dica para os vídeos.

Você vai precisar de dois tipos de vídeo: o primeiro, que usará pelo resto da vida, é o *institucional*. Ele vai vender sua história, alguns cases seus e contar mais sobre você, sua empresa, sua missão etc. Os outros são vídeos de conteúdos em que você soluciona possíveis dúvidas e problemas da audiência.

Para que as pessoas o associem a um especialista, você deve transmitir uma imagem de que conhece melhor o problema da pessoa do que ela própria. Para isso, precisa estudar e entender bem o problema da audiência. Você é visto como um especialista quando parece um especialista. As informações que você fornece precisam ser fundamentais para quem pretende atender.

Tem gente que acha que precisa ser o melhor especialista de todos os tempos para se posicionar. Não necessariamente. Você pode estar alguns níveis acima da sua audiência e simplesmente se posicionar como alguém capaz de auxiliar as pessoas a chegar a um determinado nível.

Lembre-se de que seu conhecimento é fundamental para que outras pessoas deem alguns passos à frente e evoluam. Não é necessário ser o melhor de todos quando começar, mas se posicione em algum degrau bem definido, de médio para cima e sob uma estrutura bem analisada.

CAPÍTULO 38
Comunidade

Os gatilhos de comunidade servem basicamente para que você faça seu possível cliente se sentir parte de um grupo. Esse gatilho é o mais poderoso de todos. Vamos ver como ele funciona.

Para entender esse gatilho, basta lembrar-se dos grupos de amigos que você teve na faculdade, na escola ou no trabalho. Você pertencia a um grupo, e isso lhe dava a sensação de *pertencimento* e *união*. O que fazia essa união acontecer eram os estilos de vida, as atividades e os interesses que tinham em comum.

Sempre fazemos parte de grupos, e você pode explorar esse gatilho com algumas estratégias de marketing digital. Uma delas é a seguinte: digamos que você faça uma ação por período limitado, como um evento, e jogue todas as pessoas que têm interesse em um grupo do WhatsApp, no qual você vai atender exclusivamente naquele período, para que tirem dúvidas, como se fosse uma pré-consulta. Isso cria o senso de pertencimento.

Outro aspecto que pode utilizar é o senso de participação causado pelos comentários, que acabam tendo relevância por agregar pessoas com interesses em comum em uma mesma comunidade. Por isso, você deve projetar seu conteúdo das redes sociais sempre voltado a gerar *engajamento*. Experimente, em vez de chegar a um grupo oferecendo alguma coisa, interagir e tirar dúvidas de quem parece interessado no assunto.

Sobre as lives do Facebook, tenho uma dica especial: quando você começar a live, é bem comum que nem todo mundo saiba que ela está acontecendo. É como no YouTube, que não notifica o público do canal 100% das vezes. Depois de uns oito minutos de live, o gerenciador de anúncios libera o uso da live como anúncio em si. Assim, você pode direcioná-la para seus seguidores e para os amigos dessas pessoas. Esses contatos em comum também criam o senso de comunidade, potencializando o efeito desse gatilho e expandindo o alcance do seu conteúdo.

Um outro tipo de ação muito interessante é quando você já tem uma base de clientes na sua estrutura, WhatsApp ou e-mail e resolve atendê-los de maneira diferenciada, oferecendo vantagens especiais. Por exemplo, considere uma campanha de ação na qual sempre que a pessoa se torna cliente ela passa a visualizar um anúncio com atendimento individualizado pelo WhatsApp, como no caso de uma empresa de advocacia. Você fez uma ação e reuniu diversos leads, que, através do seu pixel, passam a ver um anúncio no qual sua equipe de atendimento esclarece dúvidas gratuitamente, dispensando o trabalho de o cliente ter que ir até o escritório.

Trate os clientes e leads de maneira diferente para reforçar o senso de pertencimento do gatilho de comunidade. Dessa forma, quem está dentro se sente recompensado, e quem está de fora deseja participar. Esse pertencimento ativa o gatilho de comunidade e faz com que você aumente suas vendas e a recorrência de vendas de quem só comprou uma única vez.

CAPÍTULO 39
Garantia

A garantia nada mais é do que *assumir o risco* da compra do cliente. Quando você arca com esse risco, oferece ao cliente a certeza de que o produto ou serviço vai funcionar conforme foi combinado.

O primeiro tipo de garantia, conhecido como *garantia de funcionamento*, é o mais comum. É o famoso "resultado garantido ou devolvemos seu dinheiro".

Geralmente, existem diversas outras propostas que o cliente está analisando junto com a sua, e oferecer essa segurança de que ele não perderá dinheiro é um diferencial que pode colocá-lo na frente. Quando as propostas são diversas, os clientes passam a desenvolver *critérios de escolha*, e a segurança é sempre um dos mais significativos.

O segundo tipo de garantia é parecido com o primeiro, só que tem um *prazo* definido. "Use o produto durante sete dias e, se você não gostar, devolvemos seu dinheiro."

É possível que o mercado em que você atua não seja favorável para trabalhar com garantias, que costumam fazer sucesso em mercados com muita incerteza dos resultados. Se a segurança da garantia não preencher uma necessidade real, não funciona.

O VENDEDOR TÁ ON

Usar uma abordagem com uma garantia mais *agressiva* vai ajudá-lo a fazer muitas conversões, principalmente se você for novo no mercado ou não tiver muita autoridade (que é outro gatilho que comento no Capítulo 37). Ainda que não seja seu caso, uma garantia agressiva vai ajudá-lo a aumentar muito o nível de conversões.

Digamos que você precise consertar a piscina da sua casa e, ao pesquisar, recebeu três orçamentos. Um deles é de R$5 mil, não oferece garantia, mas já atendeu a vários conhecidos seus. O segundo é de R$3 mil, mas ninguém conhece, você achou na internet. O terceiro cobrou R$7 mil, só que garantiu seu dinheiro de volta se a piscina não funcionar desde o primeiro dia de manutenção.

Qual dos três parece mais seguro? Mesmo que seus conhecidos já tenham sido atendidos pela empresa do primeiro orçamento, o simples fato de haver uma garantia de 100% de devolução no terceiro faz com que você se incline a achar essa proposta mais interessante, ainda que seja a de maior valor.

Nossa vontade de ter nosso problema resolvido é maior do que a de economizar. Lembre-se sempre disso para não priorizar descontos em vez da resolução do problema. A garantia oferece um maior poder de argumentação e de *posicionamento*, além de potencializar muito suas chances de fechamento.

Devolver o dobro também é outra estratégia muito eficaz, pois potencializa ainda mais seu índice de conversão e, consequentemente, sua receita. Portanto, para oferecer 200% de ressarcimento, você precisa estar muito seguro dos resultados que oferece.

CAPÍTULO 40
Níveis de prova

Como o nome sugere, um *nível de prova* é um fator real, um resultado alcançado pela sua empresa, que valida seu serviço para os clientes potenciais.

Fundamentalmente, existe um tipo específico de prova, que é a *prova social*, que se difere dos demais. Vamos entendê-los e saber como utilizá-los.

A *prova* é o *atestado* de que seu produto funciona, obtido através de cases, números e resultados. Se muita gente diz que algo é bom, a probabilidade de que aquilo seja mesmo bom é muito maior do que a de algo que quase não é comentado, certo? Esse é o princípio da prova.

Ela é obtida principalmente por meio da opinião dos clientes que adquiriram o produto ou serviço e se viram satisfeitos com o resultado. Uma fonte importante dessas informações é o Reclame Aqui, site em que as pessoas podem opinar sobre as empresas e fazer reclamações.

É praticamente impossível ter um perfil isento de problemas no Reclame Aqui. O mais importante, certamente, é que você se certifique de resolver os problemas dos clientes e mostrar isso no site para que os clientes potenciais atestem sua *confiabilidade*. Já vi mui-

O VENDEDOR TÁ ON

tas empresas perderem oportunidades gigantes por terem problemas mal resolvidos no Reclame Aqui.

Assim, é interessante também que você apresente opiniões e depoimentos positivos de clientes que adquiriram seu serviço em sua página no Facebook e no Instagram. Divulgar a opinião dos clientes é muito importante para consolidar a *prova social*, que mencionei no início deste capítulo. Por isso, trabalhe com cases e estudos de casos, usando-os como *remarketing* para quem já os viu e teve contato com sua empresa.

A prova social é como a fila do restaurante: quanto maior a fila, melhor deve ser o serviço. As pessoas avaliam um negócio, antes de qualquer coisa, pelo *engajamento* e pela quantidade de curtidas.

Muitas empresas pecam nesse quesito por não implementar o *empilhamento*, mas usar anúncios flutuantes. Você já deve ter visto aqueles anúncios, com pouco engajamento, afirmando que você vai ter um resultado extraordinário. Isso não transmite credibilidade. Por isso, atenha-se não só à quantidade de cliques, mas ao que pode ter passado pela cabeça do cliente antes do clique.

Seu volume de seguidores, seus números e o que as pessoas falam sobre você são sua prova social. A prova em si são os resultados que você já obteve e pode provar. Saiba distinguir esses dois conceitos para criar estruturas que o validem em ambos os casos. Você precisa de engajamento, sim, mas também precisa de resultados.

CAPÍTULO 41
Vídeos

Aqui vou mostrar algumas dicas e cuidados que você deve ter quando fizer qualquer tipo de ação em vídeo. Tão importante quanto saber o que fazer é saber o que não fazer.

Bem, o primeiro cuidado que você deve ter é evitar ao máximo parecer um youtuber. A menos que essa seja a proposta do seu negócio, claro.

Parecer um youtuber é descaracterizar sua autoridade como profissional para dar ênfase ao humor ou falar muito sobre assuntos que não têm nada a ver com o objetivo da ação. Foque o *conteúdo técnico* e seja objetivo, principalmente nas primeiras ações.

Há muitos casos de pessoas que se relacionam com seus clientes de maneira mais pessoal, isto é, que mostram sua vida e se conectam com o público de maneira mais íntima, mas, na maioria deles, essas pessoas construíram sua autoridade profissional antes, com conteúdo técnico. Entenda que, nesse caso, existe uma ordem dos fatores que altera, e muito, o produto.

Não se compare com quem está há muito mais tempo do que você no mercado. Se estiver construindo sua autoridade, foque o seu momento. Busque ideias que esses profissionais desenvolveram quando estavam na mesma etapa em que você se encontra agora.

Outro cuidado muito importante é a qualidade da imagem. Não adianta você se posicionar como autoridade usando uma linguagem amadora ou que destoe de quem você é. Certa vez, vi um caso de um palestrante do nicho de empreendedorismo que contratou uma produtora de vídeo que fazia casamentos e não entendia nada do segmento dele. Ao fazer a captação de cenas do evento proposto, eles focaram as partes em que ele falava de Deus e em que havia pessoas em cima do palco. Agora imagine só, quem via um cara de terno e gravata falando de Deus com várias pessoas em cima do palco associava esse conteúdo a quê? Um culto religioso, óbvio.

Para evitar esse erro, seja claro na hora de comunicar os objetivos. Apresente exemplos de como você gostaria que o conteúdo se parecesse e, antes de mais nada, esclareça o que é importante e o que não é. Elabore um roteiro do vídeo, ainda que seja simples, para não fugir da proposta. Para isso, faça um estudo de audiência usando os conteúdos que aprendeu neste livro. Não improvise.

Vídeos

MANDAMENTOS DO VENDEDOR PIT BULL

1. **A tecnologia está apressando o fim dos vendedores** considerados *"tiradores de pedido"*. Pedidos podem ser feitos por terminais de computador sem qualquer participação do ser humano. Serão valorizados e terão vez os profissionais que se tornarem consultores e se capacitarem para resolver os problemas dos clientes. Esses, sim, serão os verdadeiros profissionais de vendas!

2. **A facilidade de acesso à tecnologia** e ao conhecimento está diminuindo as diferenças entre as empresas. Essa redução do campo de diferenciação está provocando mudanças na expectativa do cliente. Prepare-se para negociar não só em termos de custo-benefício, mas também a qualidade dos serviços oferecidos.

3. **Se você acha que seus problemas terminaram** após o fechamento da venda, é bom rever urgentemente esse conceito. É exatamente a partir desse ponto que eles começam a aparecer para o cliente. Se você procura um diferencial importante para a sua empresa, crie e divulgue um sistema que resolva o problema do cliente mais rápido do que a concorrência.

4. **A sua responsabilidade de oferecer um serviço** exemplar será ainda maior se o cliente depender exclusivamente da sua assistência. Cada minuto de uma máquina parada além do tempo previsto será um golpe mortal na imagem da empresa. O prejuízo será atribuído à sua incompetência!

O VENDEDOR TÁ ON

5. **Se você tem como objetivo administrar** o serviço de pré-venda da próxima venda como uma unidade de negócios, adote uma política de preços competitiva com o mercado. A ganância poderá fazer com que você acabe jogando seus clientes para os braços de serviços alternativos e, o que é pior, abrindo as portas para a concorrência.

6. **Aprenda a ver o serviço como uma unidade** de negócios e não como um mal necessário. Além de zelar pela sua imagem e de fidelizar os clientes, você ainda estará criando uma fonte de receita importante para a empresa. Isso se chama aliar o útil ao agradável.

7. **As estatísticas mostram que um cliente mal** atendido comenta a insatisfação vinte vezes mais do que um satisfeito. A prática mostra também que o maior índice de reclamações está precisamente na qualidade da continuidade da venda. Não está na hora de verificar como estão as coisas na sua empresa?

8. **Uma reclamação pode ser uma excelente** oportunidade para solidificar o relacionamento com o cliente! A experiência mostra que clientes que têm suas reclamações atendidas a contento adquirem confiança no fornecedor e continuam a fazer negócios por muito tempo.

9. **Sua empresa demorou alguns anos** para construir a imagem que tem hoje. Investiu muito dinheiro para atingir o nível de qualidade atual. Colocou muitos recursos e despendeu muito tempo na formação de profissionais competentes. Tudo isso terá sido em vão se a qualidade da prestação de serviços não evoluir na mesma proporção em quantidade e qualidade.

10. **Respeitar o seu cliente é tratá-lo como você gostaria** que seus fornecedores tratassem você! Como você ficaria se a principal máquina da sua empresa parasse pela quebra de uma peça que o fornecedor só poderá entregar dentro de uma semana?

ENCERRAMENTO

Depois de ler este livro e aplicar as técnicas que aprendeu aqui, é certo que suas vendas vão estourar.

Lembre-se dos processos, das técnicas e das dicas que aprendeu nesta leitura para alavancar seu desempenho, seja como vendedor, gestor de uma equipe ou empresário. Quem conquista é quem faz direito.

Como você percebeu, o foco aqui não é motivacional. Se quiser conquistar resultados reais e duradouros, precisa batalhar, suar a camisa e fazer o que ninguém está fazendo. Caso contrário, vai ter que se contentar com um desempenho medíocre.

 Vendas são processo, técnica. Ou você sabe fazer ou vai ter que aprender. Ninguém nasce vendedor: torna-se vendedor.

Colocar a culpa na crise é moleza, difícil é levantar da cadeira e fazer acontecer. Agora que você aprendeu alguns conceitos determinantes para aumentar suas vendas, vai ficar um pouco mais fácil.

O cliente sempre vai dizer que está caro, então, não espere que isso não vá acontecer. Se ele reclamou, foi porque você não deixou claros os benefícios do seu produto.

O VENDEDOR TÁ ON

Antes de qualquer coisa, sua estrutura precisa estar bem definida, pois ela é o alicerce da sua empresa. Sem um plano de ação e uma estratégia bem elaborados, você só vai conseguir confusão. As empresas mais bem-sucedidas são as que foram mais bem estruturadas e com a maior capacidade de se adaptar aos diferentes cenários possíveis.

Saia da mentalidade old school, vintage. A menos que você seja dono de um antiquário, ela não o beneficiará em nada — só enterrará a sua empresa. Entre no mundo digital com o pé direito e não saia. Esse papo de ficar só no offline não está com nada. Você viu e aprendeu diversas dicas de como fazer isso, então aproveite-as.

Vendedor Pit Bull é aquele que morde a venda e não larga até conseguir o fechamento. Agora que você sabe como se tornar um vendedor excelente, não deixe para depois. Faça aqui e agora. Agarre o seu momento como um pit bull agarra a presa: de modo preciso e impiedoso.

PARA CIMA!

ÍNDICE

A
ações de vendas, 14
ambiente de trabalho, 102
ampliação e segmentação, 93
análise da concorrência, 167
ancoragem de preço, 110
atualização da abordagem, 15
autoridade, construção, 203
autorrealização da equipe, 92

B
batalha da venda, 45

C
cadeia de criação de valor, 94
canais de distribuição, 34, 93
centro de orientação de vendas, 142
ciclo da vendas, 77
ciclo de vendas, 36
clientes
　classificação, 136
　estilos, 42–43
　motivações, 41
　perda para o concorrente, 17
　potenciais, 35
comportamento de compra, 40
comunicação, 24
concorrente, 17
conhecimento, 24
consumo, 40
controle, 57

índice

conveniência, 97
conversão, 76
credibilidade, 46
crise, 37
cross-selling, 123
custo por aquisição, 185

D

desconto agressivo, 198
desejo de compra, 46
desempenho de vendas, 91
desistir, 22
diagnóstico, 56
dicas para vender, 13–15
divulgação, 18

E

eficácia operacional, 55
eficiência, 19
empatia, 29
empresas de sucesso, 61
engajamento, 205
equipe de vendas
   diagnóstico, 111
   treinamento, 112
escassez, 10, 166
estratégia
   definição, 55
   exclusiva, 34
   pilares, 56
execução, 56

F

Facebook, 174, 206
fluxo de vendas, 188
força de vendas, 93
   como avaliar, 141
frequência de compra, 123
funil de vendas, 76, 78

G

garantias, 207
gestão da equipe, 100
gestão estratégica, 56
gestor de vendas, 117
Google Ads, 173

H

hábito de consumo, 181

índice

I

inovação, 15

isolamento social, 40

L

leitura dinâmica do varejo, 84

liderança eficaz, 102

líder de vendas, 96, 100

lucratividade, 92

M

mandamentos do Vendedor Pit Bull, 24, 50, 86, 160, 192, 213

mapas mentais, 86

mapa visual, 10

margem bruta, 138

marketing digital

    ação combinada, 179

    compra de seguidores, 170

    engajamento, 175

    indicadores de desempenho, 188

    mídias de segunda tela, 178

    tráfego, 169

medo da perda, 10

merchandising, 18, 124

meta financeira, 14

metas

    mercadológicas, 14

    micrometas, 129

    tipos, 131

miopia de oportunidade, 112

modelo OMMC (orientar, motivar, monitorar e cobrar), 127

motivação da força de vendas, 102

motivos do vendedor, 10

mundo digital, 18

N

Neil Rackham, 127

nível de prova, 209

O

objeções, 45

    tipos, 47

oferta irresistível, 167

índice

P

pesquisa, 57
pessoas, 93
Peter Drucker, 95
plano de ação, 55
   circuito dos seis pontos, 62
ponto de equilíbrio, 138
ponto de venda, 123
posicionamento, 57
posicionamento estratégico, 94
prazer de ganhar, 10
preço, 30
   e valor, 31
priorização, 57
problemas particulares, 24
processo de compra
   fatores de influência, 39
   razões para comprar, 29–31
processo de venda, 39
processo de vendas
   estrutura, 73
   preparação, 79
processo organizado, 103
processos, 14
produtividade, 31, 93
promoção de vendas, 18, 124
propaganda subliminar, 18
proposta de valor irresistível, 81
prospecção, 80, 122
público-alvo, 181

Q

quadrante gerencial de vendas, 137
quatro Ps do marketing, 15

R

reconfigurar recursos, 59
reconhecimento, 103
recrutamento e seleção, 100
remarketing, 174
remuneração, 93, 102
   e incentivo, 100
   sistemas básicos, 105
resultados, 93
reunião de vendas, 125

índice

S

segmentação, 34, 57, 133
senso de pertencimento, 205
SMART, objetivo, 119
spin selling, 127

T

táticas operacionais, 60
tempo limite de ação, 165
treinamento, 93, 100, 102
turnover, 141

V

valor agregado, 33, 95
valor do produto, 31

vantagem competitiva, 17, 59, 96
venda online, 33
   conversão, 35
vendas
   conceitos fundamentais, 9
   definição, 11
   processo, 19
   tipos, 150
visão e tendência, 56
visitação e conversão, 36
visualização, 10

Y

YouTube, 175

Projetos corporativos e edições personalizadas
dentro da sua estratégia de negócio. Já pensou nisso?

Coordenação de Eventos
Viviane Paiva
viviane@altabooks.com.br

Assistente Comercial
Fillipe Amorim
vendas.corporativas@altabooks.com.br

A Alta Books tem criado experiências incríveis no meio corporativo. Com a crescente implementação da educação corporativa nas empresas, o livro entra como uma importante fonte de conhecimento. Com atendimento personalizado, conseguimos identificar as principais necessidades, e criar uma seleção de livros que podem ser utilizados de diversas maneiras, como por exemplo, para fortalecer relacionamento com suas equipes/ seus clientes. Você já utilizou o livro para alguma ação estratégica na sua empresa?

Entre em contato com nosso time para entender melhor as possibilidades de personalização e incentivo ao desenvolvimento pessoal e profissional.

PUBLIQUE SEU LIVRO

Publique seu livro com a Alta Books. Para mais informações envie um e-mail para: autoria@altabooks.com.br

 /altabooks   /alta-books /altabooks   /altabooks

CONHEÇA OUTROS LIVROS DA **ALTA BOOKS**

Todas as imagens são meramente ilustrativas.

Este livro foi impresso nas oficinas gráficas da Editora Vozes Ltda.,
Rua Frei Luís, 100 – Petrópolis, RJ.